공존의 **공화국**을 위하여

우리가 단 한 번도 가 보지 못한 나라

공존의 공화국을 위하여

김부겸, 김태훈이 서로에게 묻고 답하다

N 더난출판

살아남은 자의 책무

정치인과의 대담집을 쓰겠다고 했을 때, 주변의 모든 이들이 애정(!)어린 만류를 했다. 이 시대의 정치란 혐오와 조롱의 대상이지, 결코 만남과 대화의 상대가 아니라고 여겼기 때문이다.

작가 앙드레 말로는 정치를 하려는 자신을 말리던 친구들에게 이렇게 말했다.

"카페에서 노닥거리느니 정치를 하겠다."

정치인을 만나 보고 싶었다. 정치를 이야기해 보고 싶었다. 그래서 정치에 희망이 있는지 묻고 싶었다. 카페에서 노닥거리느니 정치를 알아보고 싶었다.

김부겸과는 네 번의 만남을 가졌다. 첫 대담은 어색했고, 두 번째 대화는 거칠었다. 대구에서의 세 번째 이야기는 흥미진진했으며, 마지막은 언제나 그렇듯 아쉬웠다. 그 짧은 만남마다 정치가 있었고, 정치인 김부겸이 있었다.

김부겸은 경계인이다. 그가 살아온 시대의 정치가 그를 그렇게 규정했다. 그는 야당 내의 여당이었으며, 여당 안의 진보였다. 아니 그는 여당 내의 야당이었으며, 야당 안의 보수였다. 그는 이곳에서 저곳까지 선을 죽 그어 놓은 채, 여당과 야당, 진보와 보수라고 막무가내로 분류하는 우리 정치의 야만적인 기준에서 한 발 비껴선 경계인이다. 그래서 그는 양쪽의 언어를 모두 이해하는 노련한 통역가이며, 무조건 어느 한쪽의 손도 들어 주지 않는 냉철한 중립자이다. 정치의 중립이란 어정쩡한 어떤 곳을 의미하는 것이 아니다. 그는 정치인이지만 정치, 그 자체를 편들지 않는다. 정치가 해야 할 일을 편든다. 정치의 대상인 국민, 바로 사람이 그 목적임을 분명히 한다. 그의 고독은 그 지점에서 시작된다. 정치권의 편이기보다는 그 선 밖에 존재하는 사람들의 편이길 원하기 때문이다.

독재와 민주주의의 구도를 벗어나, 진보와 보수의 대립으로 싸워 온 지 벌써 20년이 다 되어 간다. 그 사이 우린 완벽한 둘로 나뉘어 끝이 보이지 않는 대결을 펼치고 있다. 정치권의 얘기가 아니다. 몇 년마다 한 번씩 투표소로 향하는 평범한 사람들의 얘기다. 스스로를 진보라 부르든, 보수주의자라 칭하든 그 경계는 여전히 모호하며 실체도 분명치 않다. 단지 그렇게 규정지으라는 이상한 강요가 이곳저곳에서 난무할 뿐이다.

아버지와 아들은 한집에 살며 같은 환경, 같은 문제에 던져져 있다. 그럼에도 텔레비전의 각기 다른 뉴스 채널을 선택하며 투표용지의 각기 다른 칸을 선택한다. 그래도 괜찮다. 그것이 민주주의다. 그러나 거기서 끝나지 않는다. 서로 으르렁거린다. 다른 선택을 한 이와는 결코 한집에서 살 수 없다며 소리를 질러댄다. 누가 옳은가? 누가 틀렸는가? 그 답을 찾는 과정 속에 정치인들은 여전한데, 아버지와 아들들은 지쳐 간다.

나와 다른 선택을 했다고 해서 아버지를 절벽에서 밀 순 없다. 자신과 다른 선택을 했다고 해서 아들을 살해할 아버지도 없다. 그런데 지금의 정치는 마치 그렇게 해야 한다고 말하는 듯싶다.

김부겸의 고민은 바로 그 지점에 있다. 그는 대립과 분열이 아닌 공존의 공화국이 되어야 한다고 믿는다. 이 파행적인 이분법의 근원이 지역주의에 기반한 전근대적 정치문화에 있다고 확신한다. 그것이 3선 의원으로서 증명한 군포라는 안정적 지역을 뒤로하고, 대구 수성구라는 벌판에 뛰어든 이유다. 지역주의를 깨지 못하면 대한민국의 정치란 결국 아버지와 아들들을 갈라 세우며 정치인, 그들만의 이기를 위해 돌아가는 뺑뺑이에 불과할 것임을 알기 때문이다.

노무현이 그랬고, 유시민이 그랬다. 불행히도 그들은 성공하지 못했다. 어쩌면 김부겸 역시 그럴지 모른다. 그러나 그는 그 성공 여부를 떠나 또 다른 사명 하나를 이야기한다. 바로 살아남은 자의 책무다. 그의 정치적 스승과도 같은 제정구는 너무 일찍 세상을 떠났다. 바보 노무현도 그리움의 대상이 되었으며, 자유인 유시민은 정치라는 선 밖으로 자신을 위치시켰다. 김부겸은 묵묵히 지금 이곳에서 그다음 바통을 받는다. 살아 있는 한, 정치라는 선 안에 있는 한, 자신이 해야 할 일을 해야 한다고 고백한다. 그래서 자신이 정치를 통해 얻은 모든 것을 버리고 대구로 향했다. 살아남은 자의 고독이며, 책무이다. 공존을 위한 우직한 승부다.

남북으로 나뉜 나라의 남쪽에서 또다시 두 갈래의 진영이 나뉘어져 있다. 종편은 아버지들이, 팟캐스트엔 아들들이 포진하고 있다. 수많은 포탄을 서로에게 쏘아 대며 이를 갈아대기만 할 뿐, 타협의 대안을 제시하는 이들은 없다. 인기 없음이다. 그 전장의 한복판, 원한에 사무친 두 그룹에게 화친을 말하는 것은 배신자의 낙인을 스스로 찍는 것과 같다. 그러나 누군가는 목숨을 걸고 양쪽 진영을 넘나들며 의견을 조율하고, 평화를 가져오게 해야만 한다. 정치는 타협의 예술이다. 오늘의 정치가 해야 할 일이 바로 그것이라고 나는 믿는다. 그리고 김부겸이 그 '정치인'이라는 것을 의심하지 않는다.

네 번에 걸친 만남 동안 피아를 가리지 않는 일갈이 매서웠다. 정치와 정당의 공과 실을 논하며 대안을 제시하고 새로운 정치적 지평을 얘기하는 결의에 찬 정치인 김부겸이 있었다. 그러나 때로는 반복되는 집요한 질문에도 속내를 드러내지 않으며 깊이 침묵하는 김부겸도 존재했다. 그 모두가 김부겸이다. 결코 용납할 수 없는 것을 용서하지 않겠다는 굳은 의지이며, 그럼에도 상대를 타도가 아닌 공존의 대상으로 받아들이는 유연함이다.

고백하건대, 나는 정치를 믿지 않았다. 정치인은 더욱 믿지 않았다. 그것을 486의 끝자락으로 심난한 시대의 변곡점을 모두 경험한 이의 혜안이라고 생각했다. 그러나 그와의 만남이 작은 균열을 만든다. '혹시', '어쩌면'이라는 단어를 불러온다. 무생물이었던 정치가 생물로 변하는 순간이다.

프로스트는 말했다. 벽을 쌓기 전 무엇을 벽의 안쪽에 놓을지, 무엇을 벽의 바깥쪽에 놓을지 고민했다고. 김부겸은 그 고민에 답한다. 벽을 허물어야만 한다고. 우리가 살아가야 할 공존의 공화국을 위하여.

김태훈

2015년 10월 12일

정치를 위한 변명

김태훈 씨와 인터뷰를 하겠느냐는 제안을 받고 처음에는 손사래부터 쳤다. '절대 만만한 인터뷰어가 아니야……' 싶은 직감이 스쳤기 때문이다. 이래 봬도(?) 딸을 연예인으로 둔 아빠인지라 문화판을 안다면 좀 안다. 재기 넘치고, 시크하고, 아는 것이 많은, 까만 뿔테 안경을 쓴 사람. 그것만으로도 저절로 긴장이 되는데 진짜 두려운 것은 따로 있었다. 김태훈은 대중문화평론가다. '대중'은 정치를 싫어한다. '문화'는 정치를 비웃는다. '평론'은 정치를 비판한다. 그걸 다 하는 전문'가'가 김태훈이다.

그렇다. 지금 국민 대중은 정치를 극도로 혐오한다. 국민들의 먹고 사는 문제와 아무 상관없이 자기들끼리 치고받고 싸우는 데 여념이 없는 정당들에 대해서 환멸을 느낀다. 〈연평해전〉은 600만을, 〈베테랑〉은 1,200만 관객을 불러 모았다. 문화는 유연하게 시대에 적응하고 빠르게 변화를 선도한다. 정치는 아직도 이념과 지역주의라는 혈

전에 막혀 뻣뻣해진 뒷목을 부여잡고 있다. 서구와 달리 한국은 정치 평론가가 없다. 말로는 알 수 없고, 글이라야 내공이 드러난다. 제대로 된 평론가는 글 쓰는 걸 보면 안다. 그런데 김태훈은 팝 칼럼니스트가 본업 아니던가? 대중 앞에 정면으로 서기가 두렵고, 문화를 상대하기에는 왜소하고, 평론을 견뎌내기에 턱없이 힘에 부치는 것이 오늘의 정치다.

고민 끝에 결국 응하기로 했다. 피할 수 없다고 생각했다. 피하지 않고 응답하는 것, 그것이 또한 정치의 책임이다. '대중'과 '문화'와 '평론가'로부터의 질문에 대한 정치의 답변은 그렇게 시작되었다. 질문이 칼이라면 그 칼은 종횡무진 예리하게 찔러 들어왔다. 예정된 인터뷰 시간은 두 배 세 배로 늘어나기 일쑤였다. 때로 질문은 술잔에 담겨 넘어 왔고, 누가 인터뷰어고 누가 인터뷰이인지 잊어버릴 때도 있었다. 역시 나의 예측은 틀리지 않았다. 처음부터 뭘 물어볼지는 아예 말해 주지 않았다 어설프거나 에둘러 가는 답변에는 여지없이 추가 질문이 가해졌다. 주제는 좌우를 넘나들고 상하를 가리지 않았다. 시쳇말로 '탈탈 털렸다.'

정치 혐오감과 반정치주의가 창궐해 있다. 물론 무능하면서도 기득권화한 현실정치 때문이다. 남루한 한국정치를 향해 던져진 질문에 대답을 자처한 것은 역시 무모했다. 그러나 동시에 세상을 바꿀 수 있는 유일한 방법 역시, 정치뿐이다. 누가 뭐래도 우리는 정치의 가능성을 믿어야 한다. 그런 믿음으로 나름 열심히 꺼내 놓은 '정치를 위한 변명', 그 마음이 이 책을 통해 전해졌으면 한다.

김부겸

2015년 10월 12일

차 례

1. 국가의 품격을 말하다 14

모두가 합의한 '민주공화국 정신'으로 돌아갈 것을 요구합니다. 우리 정치가 '공존'이라는 가치를 실현하지 못하는 것은 헌법이 부여한 올바른 정신을 잃어버렸기 때문입니다.

2. 공존의 공화국을 위하여 46

'상생'과 '공존'의 정치는 나의 일관된 정치철학입니다. 그것이 대한민국이 분열을 딛고 일어설 수 있는 유일한 길입니다. 성숙한 타협과 공존을 통한 대변혁의 길은 얼마든지 열려 있습니다.

3. 살아남은 자의 책임 의식 86

꿈을 접고 응어리를 풀지 못한 시대와 그 시대를 살았던 사람들에 대한 부채 의식이 가슴 한가운데 묵직한 돌덩어리로 남아 있었습니다. 그렇게 남은 삶에 대한 어떤 책임, 그러니까 '살아남은 자의 책임'이 나를 움직이게 한 겁니다.

4. 탐욕스러운 여당, 어린애 같은 야당 128

"새누리당이 탐욕스럽고 욕심쟁이라는 것은 알겠다. 하지만 세상을 거덜 낼 자들은 아닌 것 같다. 야당은 그렇게 나쁜 것 같지는 않지만 그들에게 나라를 맡기기에는 불안하다. 마치 어린애 같아서."

1
국가의
품격을
말하다

모두가 합의한 '민주공화국 정신'으로
돌아갈 것을 요구합니다.
우리 정치가 '공존'이라는 가치를 실현하지 못하는 것은
헌법이 부여한 올바른 정신을 잃어버렸기 때문입니다.

§

● 김태훈 위원장님, 뵙게 되어 반갑습니다. 긴 시간 많은 이야기를 나누어야 하는데 정치인과의 대화가 독자들에게 흥밋거리가 될 수 있을까요? (웃음) 그래서 좀 멋지고 재미있는 주제로 시작하려 했습니다만, 어떤 분이 이런 조언을 해 주시더군요. "한가하게 '고담준론(高談峻論)'이나 늘어놓고 시시껄렁한 자기 자랑이나 하려거든 하지 마라." 그래서 시작부터 돌직구를 좀 날려야겠습니다.

국민들은 먹고사는 고통으로 아우성인데 정치는 왜 '권력 싸움'에만 골몰해 있습니까? 특히 젊은 세대들이 절망하고 있습니다. 3포세대, 5포세대가 이들을 지칭하는 기호가 되지 않았습니까? 세상에 대한 냉소와 비아냥거림을 넘어 기성세대에 대한 전면적인 부정에 이를지 모른다는 우려도 있습니다. 3박 4일 밤샘 협상하며 극적으로 봉합되었지만 남북은 언제든 서로에게 총질할 준비가 되어 있습니다. 전역을 연기하면서까지 나라를 지키겠다는 몇몇 장병들의 열정적 애국심을 선전하기에 앞서 포탄 몇 발에도 생사를 걱정해야 하는 대다수 국민들의 불안은 누가 책임질 수 있습니까?

또한 장수가 축복이 아니라 저주가 됐습니다. 눈부신 경제발전을 자랑하지만 평생을 일터에서 산 사람들이 편안하게 노후를 보낼 수 있는 최소한의 보장마저도 없습니다.

이 모든 문제들은 국가의 책임이고 그래서 국가가 나서서 해결해야 합니다. 그럼 국가란 무엇이고 어떤 실체를 가진 것입니까? 물론 정부와 국가는 다릅니다. 특정 정권이 국가의 실체일 수는 없기 때문입니다. 우리가 인식하는 민족이나 국가, 영토라는 개념이 형성된 건 근대 이후의 산물입니다. 하지만 일반 국민들에게 이런 이론적인 정의는 그다지 중요하지 않습니다. 하루 세 끼 밥을 먹듯 '국가의 위기'를 말하고 '국가의 책임'을 부르짖습니다.

일본에서 후지와라 마사히코가 쓴 《국가의 품격》이라는 책이 베스트셀러가 되기도 했는데, 국가의 색깔과 품위가 무엇인지를 묻고 있습니다. 할리우드 영화 속에서도 국가는 등장합니다. 영화 속에 등장하는 미국은 한 명의 국민이라도 테러 조직에 감금되거나 위험에 처하면 어떤 방식으로든 나서서 감동적인 구출작전을 펼칩니다. 마지막 장면에서는 성조기가 휘날리고 성서의 한 구절처럼 국가의 의무를 읊조립니다. 이런 영화 같은 감동은 아니어도 최소한 국가는 무엇이고 국민에게 어떤 책임을 다할 것인지, 구체적인 합의는 있어야 한다고 생각합니다.

◆ **김부겸** 시작부터 돌직구를 맞으니 아픕니다. (웃음) 할리우드 영화 속 장면들은 미합중국 건국 정신의 바탕이자 사회를 지탱하는 최소한의 약속을 표현한 것이지요. 국가는 무엇이고 국민을 위해 어떤 책

임을 져야 한다는, 건국 이래의 신념과 긍지를 자랑하고 싶은 겁니다. 그들의 국가(國歌)에도 있듯이 미국은 '자유를 꿈꾸는 사람들이 사는 땅'입니다. 물론 영화이니 만큼 과장된 장면도 있겠지요.

● **김태훈** 용산 철거민 사태를 비롯해 세월호 참사, 메르스 사태 등은 국민들에게 참담한 배신감과 좌절을 안겨 주었습니다. 크고 작은 대형 사건들이 한두 번 터진 건 아닙니다만 이런 일이 발생할 때마다 정부의 자세는 미련할 정도로 한결같았습니다. 신속한 대책이나 정확한 정보의 공유는 뒷전이고, 유언비어를 확산시키는 사람들에 대한 적극적인 수사 의지 표현이 우선합니다. 말하자면 "입 다물라!"는 대국민 협박이 대책의 최우선을 차지하는 겁니다.

이건 대응 매뉴얼의 단순한 반복이 아닐 거라는 생각이 듭니다. 정부가 국민을 어떻게 인식하고 어떤 자세로 대하는지를 그대로 드러내는 장면이죠. 사전적으로 국가를 어떻게 정의하든 국민은 국가를 구성하는 가장 핵심적인 존재들인데 그에 합당한 대접을 받지 못하는 것 아닙니까? 그냥 시끄러우니 입 다물고 투표일에 나와 표만 찍으면 된다, 이렇게 여긴다는 생각이 듭니다.

◆ **김부겸** 대다수 국민들은 국가가 '양심적이고 안전한 공동체'이기를 바랍니다. 함께 더불어 사는 곳이기를 바라고 그것이 가능하도록 하는 책임은 국가에 있다고 생각합니다. 우리 국민들은 일제 식민통

치를 거치면서 주권을 잃었을 때의 비참함과 설움도 경험했고, 해방 후에는 절대 권력의 억압과 부패로 인한 고통도 겪었습니다. 경제적 위기는 말할 필요도 없습니다. 보수적 입장이든 진보적 입장이든, 같이 살아가고 공존할 수 있는 '이상적 국가'에 대한 열망은 같습니다. 이것은 대단히 자연스럽고 순수한 정서입니다.

그런데 정부의 관료들이나 정치인들에게 국가란 '잘 관리(manage)해야 할 대상'이라는 인식이 강합니다. 이건 확실한 간극입니다. 자신들에게 주어진 역할과 책임에 대해 지극히 기계적으로 접근하려합니다. 책임질 사안이냐 아니냐, 법적인 근거가 있느냐 없느냐, 이런 식입니다. 정부 조직이나 정당이 국가의 실체를 규정하는 것은 아니지만 국민들은 이 모든 것을 '국가의 무책임과 무능'으로 인식합니다. 대부분의 국민들은 국가를 추상적인 개념으로 이해하지 않으니까요.

● **김태훈**　이종걸 새정치민주연합 원내대표가 박근혜 대통령을 향해 던진 코멘트가 입방아에 오르기도 했는데 특히 청와대 대변인의 반응이 재미있었습니다. "국민의 손으로 뽑은 대통령에게 정중치 못한 이야기를 하는 것은 국민을 모독하는 행위다." 이는 논리의 비약이고 궤변입니다. 국민이 신성하니 투표로 뽑힌 대통령도 무조건 신성하다는 논리입니다. 박 대통령이 영화 〈국제시장〉을 봤답니다. 국기 하강식이 시작되자 싸움을 하던 부부가 일어서서 국기에 대한 경례

를 하는 장면이 나오는데 박 대통령은 '애국이라는 것에 대해서 우리 국민들이 생각해 보아야 할 장면'이라고 했습니다.

하지만 현실은 태극기와 애국가에 대한 이야기가 반복될수록 자발적 애국심이 사라지는 시대입니다. 역설적입니다. 그러나 권력자는 인위적으로 애국이라는 단어를 끊임없이 입에 올릴 수밖에 없어요. 악순환이 반복되는 겁니다.

국민들이 국가에 대한 믿음과 신뢰를 잃었을 때 오는 첫 번째 현상은 국민의 의무와 책임이라는 부분에 대해 반기를 든다는 겁니다. 이는 가장 심각한 문제입니다. 지배층의 도덕적 해이와 부정부패, 이것은 사실 어느 시대나 있었던 문제였기 때문에 일정 정도의 내성을 통해 감당할 수 있습니다. 하지만 의무와 책임에 대한 반기와 반감은 공동체 전체의 위기를 초래할 수 있는 문제 아닙니까? 부부싸움을 하다 말고 국기에 대한 경례를 하는 장면은 사실주의가 아니라 판타지의 영역입니다. 대통령에 대한 비판을 국가와 국민에 대한 모독과 동일시하고, 판타지 장면을 보고 애국심 운운하는 수준으로는 이 위기를 감당할 수 없다는 의심이 듭니다.

◆ **김부겸** 쉬운 문제는 아니지만 풀 수 없는 난제도 아닙니다. 나는 우리 모두가 합의한 민주공화국 헌법 정신으로 돌아갈 것을 요구합니다. 함께 책임지고 함께 끌고 가야 하는 나라, 그 나라는 각각의 구성원이 책임과 의무를 다하지 않으면 건강하게 유지될 수 없습니다. 우

리 정치가 '공존'이라는 가치를 실현하지 못하는 것은 헌법이 부여한 '공화국 정신'을 잃어버렸기 때문입니다. 공화국 정신이란 상생과 화합의 구체적 실현이며 이것은 공동체의 구성원 하나하나가 건강하게 살아 숨 쉬어야 가능한 것입니다.

그러나 지금의 현실은 세대와 세대 간, 계층과 계층 간, 지역과 지역 간 그리고 여당과 야당이 함께 책임진다는 합의가 없습니다. 이러니 공화국 공동체로서의 의미가 없는 겁니다. 동시대에 한반도라는 공간에서 함께 살 뿐입니다. 공동의 과제와 책임에서 운 좋은 사람은 빠져나가고 운 나쁜 사람은 짐을 져야 한다? 그래서는 공동체가 하나의 헌법으로 유지될 수 없습니다. 내가 겪은 비극이 아니니 난 괜찮다? 그건 민주주의가 아닙니다. 내가 열심히 일해서 번 돈인데 왜 세금을 더 내야 하느냐? 혼자만 부를 독점하고 누리는 게 자본주의는 아닙니다. 사회적 강자들은 어떤 상황에서든 건재하고 그렇지 않은 다수는 당하고 아프고, 이건 정상적인 민주공화국이 아니지요.

상대 진영에 대한 냉소가 사회적 트렌드가 되어 버린 비극은 바로 나 자신에게 되돌아옵니다. 바보가 아니면 금방 알 수 있는 사실입니다. 신뢰를 회복하고 품위에 맞는 국격(國格)을 갖추는 일은 일회성 이벤트를 줄줄이 엮는다고 가능한 것이 아닙니다. 거듭 강조하지만 헌법 정신의 회복이라는 처방이 꼭 필요합니다.

● 김태훈 공화국과 헌법 정신의 회복을 말씀하셨는데요, 사실 헌법에

'대한민국은 자본주의 국가'라는 구절은 없습니다. 대한민국은 '민주공화국'입니다. 그런데 삶의 가치, 사회적 가치를 보았을 때 민주공화국으로서의 가치보다는 자본주의 국가로서의 가치가 우선시되고 핵심적인 요소가 된 듯합니다.

평소 상위 1퍼센트의 각성이 굉장히 중요하다는 생각을 했습니다. 힘, 재화, 정보, 지식 등 이런 것들을 사회 시스템 내에서 같이 공유하고 공존하게 하는 방향 모색이 필요한데요, 이 사람들의 생각은 좀 다른 것 같습니다. 그러니 99퍼센트가 갖고 있는 공동체에 대한 책임과 확고한 신념, 그런 것들이 건강하게 작동한다면 1퍼센트를 충분히 강제할 수 있지 않겠습니까? 이게 무너지는 상황에서는 독점 권력과 소수의 횡포를 도저히 막을 수 없습니다. 1퍼센트 스스로 도덕군자와 성현의 길을 선택하지는 않을 겁니다. 깨어 있는 99퍼센트가 무너지지 않아야 하는 절박한 이유가 아니겠습니까?

◆ **김부겸** 공동체의 다수가 무너지지 않고 깨어 있게 하는 건 결국 정치의 책임입니다. 정치란 '통제'와 '군림'이 아니라 '이해'와 '헌신'입니다. 당면한 문제와 갈등들에 대해 정권의 책임자인 대통령부터 시작해 정치인들이 오히려 공포를 조장하고 대국민 협박을 일삼는 일이 빈번합니다. 이것은 정치가 아니라 가장 저급한 통제입니다. 오히려 국민들 앞에 무릎 꿇고 정직하게 고백성사를 하면서 이해를 구해야 합니다. "우리가 놓여 있는 주관적, 객관적 상황은 이렇습니다. 지

금 이 상황을 어떻게든 개선하지 않으면 99퍼센트가 불행해지고 그러면 1퍼센트의 행복도 보장할 수 없습니다. 소수가 이렇게 다 가져가는데, 나머지 사람들에게 그냥 만족하고 착하게만 살라고 하면 공화국은 지탱될 수 없습니다." 이것을 누가 설득할 수 있을까요?

윗물이 맑아야 아랫물이 맑다는 게 단순히 부정부패만을 이야기하는 건 아닙니다. 결국 지위와 책임이 있는 사람들의 올바른 자세를 기대하는 것 아니겠습니까? 그것을 제대로 못하면서 모든 짐을 국민들이 져야 하는 상황이 계속되니 사회 전반에 불신과 균열이 커진 겁니다. 그나마 외형적인 경제 성장이라도 가능할 때는 "어느 정도까지 감내합시다." 할 수 있었지만 이제 그런 상황도 아니고……. 무엇보다 부모세대가 자식세대의 앞길을 막고 있다는 절망적인 호소마저 터져 나오는 지경입니다. 사회적 연대성을 기대하기 어려운 상황인 것은 분명합니다.

'국가'의 실체는 무엇이고
그 실체는 무엇을 답할 수 있는지
분명한 태도를 보이라는 겁니다.
젊은이들의 죽음은 도대체 어떤 의미이며,
무엇을 위한 죽음이었나?

● **김태훈** 이런 상황에서 대통령은 국민들에게 애국심 분발을 요구하고 있습니다. 그분께서 보셨다는 〈국제시장〉을 나도 봤는데요, 이런 평을 했던 기억이 납니다. "아버지에게 들은 얘기를 또 영화로 볼 것까지야!" 영화적인 새로움이 있었으면 좋았을 텐데 그런 장치가 없었다는 아쉬움이 큽니다.

상당히 불편했던 장면도 있었습니다. 꽃분이네 가게를 팔라고 조합원 같은 사람이 찾아오는데 황정민 씨가 따귀를 때리면서 굉장히 폭력적으로 몰아내는 장면입니다. 또 외국인 노동자를 놀리는 젊은이들을 과거 자신이 외국에서 당했던 경험에 빗대어 역시 굉장히 폭력적으로 제압하려 하는 장면이 등장합니다. 물론 본인들이 독일에서 서러움을 당하며 겪었던 일과의 연상 작용 때문에 맥락은 어색하지 않았습니다만……. 그러니까 그 세대가 겪었던 역사 때문에 그 정도의 폭력성은 용인될 수 있는가? 난 아니라고 생각했습니다.

젊은 세대들은 그래서 더 반감을 가졌을 겁니다. 아버지 세대들의 공을 이야기하면서 그런 식의 폭력성이 드러나는 순간, 영화를 보고 있지만 영화에서 벗어날 수밖에 없지 않았겠습니까?

◆ **김부겸** 다소 비약적인 해석이 아닐까요? 폭력을 용인했다기보다는 그냥 솔직한 정서를 표현했다고 생각합니다. 사람들이 나보다 조금 더 못났거나, 다르면 용납을 못 하잖아요. 그런 몹쓸 정서가 우리 삶 속에 스며들어 있어요. 물론 영화 속에서 황정민 씨가 다소 극화

시켜 연기한 면은 있지만 정직한 고발이었다고 보는 게 옳지 않을까 싶습니다.

영화에서는 다른 정서도 다루고 있습니다. 기성세대들의 꿈이 뭔가요? 평생 내 처자식 안 굶기고, 나이 들어 먼 하늘을 보며 '아버지, 내 잘 살았지요?' 이런 독백 남기는 거……. 그런 몇 가지 축이 관객들을 감동시켜 마음을 붙들기도 합니다. 어느 날, 삶을 돌아봤을 때 나는 진지하게 살았는가? 그런 생각이 들면 겁이 덜컥 납니다. 영화는 하나의 단편 단편들을 상당히 아프게 그리고 있더군요.

● 김태훈   마지막에 황정민 씨가 아버지를 찾으면서 우는 장면이 나오는데 〈라이언 일병 구하기〉의 마지막 장면과 오버랩이 되더군요. 라이언이라는 인물이 아내와 가족들을 데리고 묘지에 옵니다. 그리고 자기를 구하기 위해 대신 죽어간 사람들의 묘비 앞에서 이렇게 말합니다. "내가 정말 최선을 다해서 살았다고 증언해 달라." 자기를 구하기 위해 목숨을 바쳤던 영령들 앞에서 유일하게 할 수 있는 말은 그것이 전부이자 최선이었을 겁니다. 참 감동적이었습니다.

◆ 김부겸   내 삶은 반드시 다른 누구의 삶과 연결이 돼 있다는 것을 생생하게 보여 주는 장면입니다. 나 혼자의 힘으로만 가능한 건 없잖아요? 따라서 우리는 함께 책임지며 공유하고 살아가는 겁니다. 그것이 '민주주의'이고 그 가치를 함께 공유하고 실천하자고 모인 곳

이 '공화국'이며 이것을 명문화한 게 '헌법'입니다. 이념이란 다른 게 아니라 이것들을 어떤 프로세스로 실천할 것인가를 다투는 겁니다. 실천 방법의 차이일 뿐이에요.

● 김태훈　영화 〈연평해전〉을 두고도 역시 이념과 정치색에 따라 두 갈래로 평이 갈립니다. 역시 '국가'의 본질에 대한 질문을 하지 않을 수 없습니다.

◆ 김부겸　먼저 국가라는 게 도대체 뭔지 생각해 봐야 합니다. 노무현 정권, 박근혜 정권과 같은 정권 차원이 아니라 진정한 '국가'의 실체는 무엇이고, 그 실체는 무엇을 답할 수 있는지 분명한 태도를 보이라는 겁니다. 그 젊은이들의 죽음은 도대체 어떤 의미이며, 무엇을 위한 죽음이었나? 그들은 누군가의 사랑하는 아들이었고, 사랑하는 남편이었고, 사랑하는 형제였습니다. 그런데 "군인이 싸우다 보면 다치거나 죽기도 하는 거지, 뭐 대단한 거라고 영화까지 만들어 안보 교육에 열 올려!" 만약 그렇게 말하거나 생각하는 사람이 있다면 세월호 참사를 두고 "놀러가다 교통사고 난 건데 왜 국가가 책임져야 하느냐."라고 말하는 사람들과 똑같아지는 겁니다.

나는 이 점에 있어서 특히 진보 진영의 '공감' 능력에 대한 협소함을 지적하고 싶어요. 한국전쟁이 갖고 있는 민족사적 성격, 베트남전쟁이 갖고 있는 세계사적 성격 때문에 거기서 희생된 젊은이, 본인의 선택이 아닌 환경의 폭풍우에 갇혀 생과 사를 오갔던 많은 사람들의 문제에 대해서 공감(sympathy)과 애정이 너무 없다는 겁니다.

세월호 문제를 다루는 보수 진영의 논리도 여전히 잔혹하고 비인간 적입니다. 생사를 오간 한 사람 한 사람의 불행보다는 정권의 안정을 해치는 게 짜증나고, 그걸 둘러싼 소란들이 귀찮다는 식의 태도입니다. 우리에게 닥쳤던 큰 상처들이고 결국 우리 모두의 것이기에 같이 극복하고 고민하고 타협점을 찾았어야 합니다. 그래야 훗날 유사한 비극이 닥치더라도 극복의 과정이 지금과는 다를 것 아닙니까? 그런 노력을 하지 않고 자꾸 '진보와 보수', '여와 야'라는 이념과 진영의 굴레 속에서 문제를 찢어발기니까 사람이 없어지는 겁니다.

목숨은 누구에게나 소중한 겁니다. 그런데 영화에서는 젊은 장병들이 기꺼이 목숨을 던지는 장면들이 나옵니다. 왜 그랬을까요? 물론 일부 영화적인 요소가 있었다 하더라도 그들이 국가를 위해 희생했다는 사실에는 변함이 없어요. 진영을 갈라 어떤 죽음은 이렇고, 어떤 죽음은 저렇다고 말풍선을 늘어놓는 건 정말 비겁하고 예의 없는 태도입니다. 연평에서, 진도 앞바다에서 소중한 젊은이들이 죽었어요. 국가는 그 희생이 어떤 의미이고 어떤 가치로 남아야 하는지를 현세와 후세가 배우고 기억하도록 해야 합니다. 거기에 진영의 논리가 개입해 본질을 흐려서는 안 됩니다.

● **김태훈**　실제 교전은 25분 정도였다고 합니다. 그런데 영화에서는

교전 장면이 한 시간의 비중을 차지합니다. 정확히 25분을 보여 줬다면 리얼리티가 떨어질 수도 있었습니다. 이런 장치나 완성도를 떠나 이 영화를 통해 알게 된 뜻밖의 사실이 더 충격입니다. 희생된 군인들이 순직자로 처리된 겁니다. 전사자가 아니고 말입니다. 반면 교전을 벌이지 않았던 천안함 장병들은 모두 전사자 처리가 되었습니다. 결국 그들의 죽음에 대해 명확한 정의를 내려주지 못했다는 겁니다.

◆ **김부겸** 솔직히 대한민국 정부는 비겁했습니다. 대단히 웃기는 이야기입니다. 그때가 소위 햇볕정책을 시행하던 시기니까, 의미를 확대시키고 싶지 않았던 겁니다. 순직했다는 것은 공무를 보다 어떤 사고로 희생되었다는 건데요, 그 젊은이들에게는 자기 삶을 건 전투였습니다. 그런데 정치하는 사람들은 단지 정책의 모양새와 남북관계의 유불리 문제로만 접근했습니다. "우리의 공식 입장은 돌발적인 사고지 교전이 아니다."

만약 그런 식으로 정리된 거라면 앞으로 누가 공동체를 위해 희생하겠습니까. 순직으로 처리할 것인지, 아니면 전사자로 처리해 줄 것인지 묻고 확인하고 전투에 나가야 하나요?

내가 20대 후반까지 저희 아버님도 군인이셨어요. 온 가족이 모여서 산 적이 거의 없습니다. 2~3년에 한 번씩 전근을 다니셨으니 매번 이사하기도 힘들었어요. 어머니는 아버지를 따라가셨는데 농사철이면 시골로 와서 농사를 짓고, 농사가 끝나면 다시 아버님한테 가야 했습니다. 동생들과 나는 시골 논두렁에서 뒹굴며 자랄 수밖에 없었지요.

선진국에서는 군인들에게 확실한 임무와 책임을 주되, 그에 걸맞은 대접을 해 줍니다. 자기 삶에 대한 자부심과 그에 상응하는 보상체계가 확실한 편입니다. 그런 점에서 우리는 너무 엉성합니다. 연평해전에서 희생된 부사관들의 봉급이 10급 공무원 수준입니다. 그런 사람들이 목숨 바쳐 싸우다 죽었는데 '전사자' 대우도 못 받았으니 글자 그대로 '운이 없어 죽은 것'밖에 되지 않습니다. 그 사람들은 우리 공동체를 위해 싸우다 죽었는데 공동체는 살아서도, 죽어서도 그들을 아들로 대우하지 않은 겁니다.

지금 안보 환경이 바뀌었으니까, 정권이 바뀌었으니까, 다시 전사자 처리를 해 주자는 주장이 있습니다. 늦었지만 전사자 대우에 찬성합니다. 그런데 정권이 바뀌었다는 이유로 달라지는 논의 자체가 초라합니다. 국가를 위해 목숨을 바쳤던 거지 특정 정권을 위한 것은 아니었지요. 정상적인 국가라면 있을 수 없는 일입니다. 이런 정도의 안목을 가진 정치가 어떻게 대한민국 젊은이들의 인생과 꿈을 감당하겠어요.

영화를 보고 나오시던 어떤 할머니가 내 얼굴을 보더니 "정치를 잘 해 주세요. 다시는 저런 죽음이 없도록 해 주세요." 그러시며 계속 우시더라고……. 정치하는 놈, 국가를 책임진다는 놈들이 얼마나 엉터리고 믿을 수 없었으면, 속된 말로 쪽팔립니다.

안철수라는 하나의 존재를 통해
그들의 원망과 희망이 집약되었던 것이지요.
안철수라는 개인에게 열광한 것도 있지만
기존 정치에 절망했던 다수가
새로운 메시아를 찾았던 겁니다.

● **김태훈**　평소 이런 고민들을 주변 정치인들과 많이 나누었을 거라 생각합니다. 야당뿐만 아니라 여당 진영 쪽 분들과도 이야기했을 텐데요. 설마 정치하시는 똑똑한 분들이 모르고 있을 거라는 끔찍한 상상은 하고 싶지 않습니다. 하지만 어떤 각성이나 변화의 움직임은 전혀 없습니다. 내가 둔감한 탓입니까? 아니면 정말 모르거나 관심 없는 겁니까? 여당과 야당 입장 차이라든지 사회적으로 복잡한 상황도 있겠지만, 가장 핵심적인 것은 '위기의식 부재'라고 말씀하시는 분들도 있습니다.

그런데 대다수의 국민들은 위기라고 느끼고 있습니다. 주변 친구들은 이제 40대 중반쯤 되었습니다. 그중에 많은 이들이 베트남에서 게스트 하우스를 하거나 필리핀에서 작은 숍을 하는 것을 은퇴 계획으로 잡습니다. 따뜻한 곳에서 여생을 편안하게 보내겠다는 낭만적인 생각일 수도 있겠지만 대한민국이라는 곳에서 안전한 마무리를 할 수 없다는 위기감에서 시작된 것이기도 합니다. 여당과 야당이 갑자기 각성해서 인간적인 면모를 회복할 수 있겠습니까? 국민들이 갖는 이런 위기감을 해소시키고 국격을 드높일 거라는 생각은 도무지 들지 않습니다.

◆ **김부겸** 심각한 위기 상황이라는 데는 대부분 동의합니다. 분명한 위기의식을 갖고 있어요. 그런데 어디에서부터 실마리를 풀어야 할지 자신이 없는 듯합니다. 그러다 보니 진영을 나누어서 대결을 주장하는 사람들의 목소리만 크게 들립니다. 그 사람들은 싸움의 정치, 진영의 대결이니까 결과에 대한 책임감보다 공허한 이론과 명분을 먼저 앞세웁니다. 상대를 향한 공격적인 언어와 행동이 선명성으로 포장되고 그 시대의 정치를 상징하는 심벌이 되는 현상은 불행한 거지요. 문제 해결에 대한 진지한 고민은 사라지고 껍데기뿐인 기호만 남습니다. 그 속에서 자연스럽게 가슴앓이를 하는 분들이 많습니다. 이것은 아닌데, 우리가 이러자고 정치한 것이 아니잖아…….
대구시장 선거를 하면서 느낀 것은, 대구시의 여러 곳이 30년 전 모습 그대로라는 겁니다. 낡은 옛 모습 그대로의 뒷골목들이 너무 많았어요. 이게 보존 가치가 있는 고풍스러운 풍경이라면 모르겠지만 낙후되고 찌든 가난의 흔적일 뿐입니다. 소득은 당시보다 10배 이상 늘어났는데 그 골목에서 아직도 파지(破紙)를 줍는 노인들을 비롯해서 하루하루를 연명해야 하는 사람들이 너무 많아요. 이런 장면이 비단 대구뿐이겠습니까? 그럼 왜 이 모양으로 방치되었느냐? 정치하는 사람들이 밥값 못한 겁니다. 정부가 할 일 못한 겁니다. 군림하고 통치하기 위해 선거에서 표 얻어 내는 기술은 놀랍게 발전시켰지만 자릿값 제대로 하는 양심은 늘 그 모양 그 꼴인 탓입니다.

지금은 시큰둥해졌지만 지난 대선에서 안철수 현상이 나타난 것도 이러한 이유에서입니다. 거대 진영의 이기적 싸움질에 염증을 느낀 민초들의 응어리가 '안철수'라는 새로운 기운을 만들었습니다. 당시 여당 지지자, 야당 지지자 모두 안철수를 지지했어요. 안철수라는 하나의 존재를 통해 그들의 원망과 희망이 집약되었던 것이지요. 안철수라는 개인에게 열광한 것도 있지만 기존 정치에 절망했던 다수가 새로운 메시아를 찾았던 겁니다. 누군가는 이를 가리켜 '메시아이즘'이라고 하더군요. 절망에 빠진 유대 백성이 오로지 메시아라는 존재를 갈구했던 것처럼……

● 김태훈 '안철수'의 부진은 한 개인의 한계일 수도 있고, 정치 상황의 불가피함일 수도 있겠습니다. 중요한 건 그런 현상이 촉발되었다는 것이고, 다른 누군가를 통해 다시 '봉기'될 가능성은 얼마든지 있을 겁니다. 변화에 대한 동력과 의지가 국민들 사이에 존재하고 있으니 형태를 바꿀지언정 소멸하지는 않았다고 생각합니다. 물리학에서 말하는 '에너지 보존의 법칙' 같은 것이지요.

기왕에 안철수 이야기가 나왔으니 묻겠습니다. 안철수 현상은 완전히 소멸한 것입니까? 야당이 너무 무기력하게 '안철수'라는 미래 자산을 소비한 건 아닙니까? 메시아 이야기를 하셨습니다만 유대 백성들은 결국 메시아를 십자가에 매달았습니다.

◆ **김부겸** 소멸할 수가 없습니다. 가진 자만 편드는 여당에 분개하고, 집권 능력을 못 갖춘 야당에 실망한 국민들은 여전히 존재합니다. 그들은 언제나 제3의 대안을 갈구합니다. 대개 35퍼센트 내외의 새누리당 고정 지지층, 20퍼센트 내외의 새정치민주연합 고정 지지층, 그리고 30~40퍼센트 대의 무당파. 이것이 대한민국 정치 지형의 기본 구도입니다. 이들은 부동층, 즉 때에 따라 이 당을 찍었다 저 당을 찍었다 하는 스윙 보터(swing voter)이거나 아예 찍을 당이 없다는 이유로 투표에 불참하는 기권층입니다. 그렇게 분명히 수요가 있지요. 야당이 대선 후보로 정동영, 문재인을 내는 동안 손학규, 안철수 카드도 옆에 있었습니다. 혹자는 만약 손학규를 후보로 냈으면, 또는 안철수를 본선에 내보냈으면 이겼을 것이라 말하는 이들이 있습니다. 그러니까 아주 전략적으로 판단해서 무당파층에게 인기 있는 후보를 내세웠으면 집토끼, 산토끼 다 잡을 수 있었으니 승리는 따 놓은 당상 아니었겠느냐, 그런 얘기를 하는 겁니다. 기존 정당의 지지층도 잡고, 무당파 지지층도 확보해야 대선 후보도 될 수 있고, 본선에서도 이길 수 있다는 것은 부인할 수 없는 사실입니다.

그러나 정치를 직접 하는 입장에서는 어쩔 수 없습니다. 당원들의 전략적 판단도 결국 후보가 확실할수록 가능성이 높아진다고 봐야 합니다. 지금 야당에서 대통령 후보가 되려면 당내에 확고한 지지 기반을 갖지 않으면 안 됩니다.

앞으로 당도 변할 것으로 봅니다. 집토끼용 후보와 산토끼용 후보 중에서 하나는 죽이고, 하나만 데리고 키우는 식으로 해서는 여당의 지지 기반을 잠식할 수 없다는 걸 다들 알고 있습니다. 둘 다 키워서 시너지 효과를 내야죠. 일종의 공동정부를 처음부터 준비하는 겁니다. 차기 대선에서는 아마 제대로 된 공동정부를 구성할 러닝메이트로 대선 후보를 내야 할 겁니다. 그러면 메시아를 정작 유대 백성들이 제 손으로 십자가에 매다는 일도 없을 겁니다.

> 국가 공동체의 안전한 삶과
> 신뢰 회복을 위한 전면적 시스템 개혁을
> 당장 시작해야 합니다.
> 이 문제는 선거나 정권의 향배와 관련 없는
> 국가 존립의 문제입니다.

● **김태훈** 정치인들이 위기의식을 갖고 있긴 하지만, 어디에서부터 실마리를 풀어야 할지 자신이 없다는 말씀은 국민의 입장에서는 굉장히 먹먹한 이야기입니다. 왜냐하면 그것은 직업 정치인으로서 무책

임, 무능 같은 것과 연결시켜 생각할 수밖에 없기 때문입니다.

도대체 뭘 어떻게 해야 할지 모르겠다는 식의 무책임과 무능은 세월호 참사를 겪으면서 극명하게 드러났습니다. 어린 생명들이 펴 보지도 못한 채 사라졌고 아직 돌아오지 못한 아이들도 있습니다. 그런데 어느 순간 국가적인 애도 분위기가 순식간에 두 편으로 갈라져, 대립의 분위기로 바뀌었습니다. 여기서 가장 주목할 점은 이것이 어떤 의도성을 띠고 있었는지, 혹은 자연스럽게 이루어진 대립인지 모르겠지만 기막힌 책임의 단절로 이어졌다는 겁니다. 서로 다른 이념 간의 수평적인 충돌이 생기면서 모든 에너지가 대립과 갈등으로 소모되고 말았습니다. 너무나 고맙게도 정치권은 이제 어떤 책임 같은 것에서 한발 비켜 서 있습니다. 국민 정서가 양쪽으로 갈렸으니 이쪽도 국민이고, 저쪽도 국민이라는 반가운 현상(?)이 생긴 겁니다. 고민과 책임을 담당해야 할 주체들이 핑계를 대고 빠져 버린 건 아닙니까?

◆김부겸　잠시 숨는다고 책임이 면해지는 것은 아닙니다. 빠져나갔다면 다시 불러 회초리를 쳐야지요. 과거의 역사를 봐도 무능과 무책임에 따른 결과는 혹독합니다. 역사는 진실을 숨기지 않고 평가를 주저하지 않습니다. 누가 비겁했고, 거짓을 말했으며, 도망갔는지 남김없이 기록합니다. 당장의 생존이 중요하니까 도망가려는 거지만 역사의 냉정한 평가에서 자유로울 수 있는 세력이나 개인은 없습니다. 아벨이 죽었을 때 야훼는 카인에게 "너는 어디 있었느냐?"라고 묻습니

다. 책임을 구체적으로 묻는 것이지요. 성서에서 카인은 개인으로 지칭되었지만 아마 한 세대를 대표하는 명사일 겁니다. 절대자는 그 모두를 질타한 겁니다. 하지만 카인은 "내가 어떻게 동생까지 책임져야 합니까?"라며 비겁하게 변명합니다. 여전히 책임에서는 자유롭고 싶은 '도망자'의 태도인 것이지요.

"정치가 이래서는 안 되지, 안 되지." 한 것이 벌써 반세기를 훌쩍 넘겼습니다. 우리가 그나마 기대를 가졌던 김영삼, 김대중, 노무현 정부가 지나가면서 소위 민주화에 대한 열정은 시들해졌어요. 그런 과정에서 어처구니없는 무책임과 비겁한 변명의 정치가 한편에서 자리 잡은 것도 사실입니다. 정치인이라면 단 한 사람이라도 책임을 느껴야 합니다. 그런 단 한 사람조차 없다면 얼마나 슬프고 절망적인 일이겠습니까.

하지만 그 한 사람만으로는 안 됩니다. 역사에 대한 소명의식을 가진 세력들이 국정에 다수 참여할 수 있도록 해야 합니다. 독일이 소수의 의견도, 다수의 의견도 다 국정에 반영하도록 정교한 연방의회 제도를 만든 이유가 무엇이겠습니까? 바이마르 공화국의 실패와, 선거를 통해 집권한 나치의 경험에 대한 처절한 반성 속에서 제도 개혁을 한 것입니다. 경쟁을 하면서도 1당과 2당이 연정을 통해서 독일을 책임지고, 유럽을 책임진다는 좋은 모델을 보여 주고 있어요. 그러면서도 소수 정파들을 소외시키거나 그들의 목소리를 깔아뭉개지는 않습니다.

무능하고 비겁한 정치를 무조건 옹호해서도 안 되지만 책임을 가진 '용감한 도전'에 대한 격려와 지지도 필요합니다. 포기해서는 안 됩니다. 국민이 포기하지 않고 정당한 판단을 한다면, 하나의 힘이 모여 둘이 되고, 둘의 힘이 모여 건전한 세력을 만들 수 있습니다. 그리고 좀 더 올바른 정치로 견인할 수 있습니다.

● **김태훈** 하지만 우리 정치가 그런 책임을 감당하겠다는 의지가 있는지에 대해서는 여전히 의심스럽습니다. 국민들이 요구하는 건 행동이지 볼 수 없거나 만질 수 없는 무형의 의지는 아닙니다. 지금은 다행히 인양이 결정되어 작업이 진행 중입니다만, 한때 정치권은 세월호 인양에 대해 여론의 추이를 보고 결정하겠다고 했습니다. 정치 스스로 포퓰리즘을 추종한다고 선언한 것과 같고 무책임과 의지박약의 극치였습니다. 그런데 버젓이 그렇게 했습니다.

사실 이것은 경제 논리로 접근해서는 안 되는 것이었어요. 수십억, 수백억, 수천억의 문제를 넘어 아직 돌아오지 못한 아홉 명의 친구들을 부모와 가족의 품에 돌려주겠다는 결정은, 국가가 가진 확고한 철학 안에서 이루어져야 했습니다. 만약 일부 국민들이 "이것이 얼마나 큰 세금의 낭비냐!"라고 한다면 "세금은 바로 그런 일들에 사용하도록 되어 있는 것이다."라고 설득했어야 합니다. 하지만 비겁한 정치권은 발을 빼 버렸어요. 세월호 인양에 대한 찬반 격론을 붙여 놓고 조금 더 우세한 쪽의 입장을 따라가겠다는 식이었습니다.

나는 여기에 대해서 국가의 책임이냐, 아니냐를 따지는 것은 의미가 없다고 봅니다. 의심의 여지없이 국가의 책임이지요. 텔레비전을 통해서 수많은 국민들이 배가 가라앉는 장면을 실시간으로 지켜봤습니다. 그 배에서는 어린 학생들이 처참하게 죽어 가고 있었어요. 의심의 여지없이 국가가 개입해야 하고 책임을 가져야 할 문제였습니다. 인간에 대한 예의냐, 경제적인 효율성이냐를 따지는 건 국회의원을 비롯한 정치인과 행정부가 할 일이라고 생각합니다. 여기에서 어떤 결정을 하느냐에 따라 대한민국의 가치관과 철학의 면면이 드러나는 겁니다.

◆ **김부겸** 김 선생님은 이것을 '고도의 눈치 보기 정치 아니냐?' 이렇게 판단하시는 것 같습니다. 일부 그럴 수도 있습니다. 하지만 무능하고 무책임하다고 욕을 먹지만 정치가 '눈치' 하나만으로 단순하게 돌아가지는 않습니다. 나는 오히려 자신들의 입장을 강화하기 위한 정치인들의 '교묘한 입놀림(manipulate)'이 더 큰 원인이라고 봅니다. 사실 우리 공동체 전체에 만연한 어떤 문제의 단편일 수도 있지요.

우리 사회가 '민주화'와 '산업화'라는 두 에너지를 갖고 여기까지 온건 사실입니다. 하지만 공화국을 지탱하는 주체로서의 국민 혹은 자유로운 개인과 당당한 인격을 가진 시민의 가치를 길러내고 그런 존재들을 부각시키는 노력은 부족했습니다. 이는 세월호 참사에서 보여 준 여러 문제들이 생겨난 이유이기도 합니다.

여론이란 것이 무엇입니까? 국민들이 어떻게 생각한다는 것이 중요한 잣대가 되지요. 거기에는 보통 사람들이 합의할 수 있는 양심이나 상식 등 정성적인 기준이 존재합니다. 그런데 어느 순간 우리 사회에서 그것이 무너진 겁니다. 인간의 생명을 놓고 '돈이 얼마나 드는 일인데', '아니 그 많은 돈을 받아 가면서 자꾸 왜 그래' 이렇게 정량적인 계산을 하며 천박해진 건 아닌지 묻고 싶습니다.

자꾸 책임을 피하려는 정치인들의 못된 버르장머리를 고치지 말자는 건 아닙니다. 하지만 교묘하게 눈치 보고 상황을 치밀하게 조종(manipulate)할 그런 능력이 정말 있었으면 오히려 문제를 해결하는 방향으로 썼을 겁니다. 행인지 불행인지 모르겠지만 한국의 정치는 지금 그 정도의 능력조차 없는 상황입니다.

국가의 책임을 명확히 하는 것은 물론 국민에 대한 예의를 가질 것이냐, 경제적인 효율을 논할 것이냐, 그런 말씀을 하셨습니다. 솔직히 그런 논쟁이 나온다는 것은 대한민국이 우리가 생각하는 문명국가가 아니라는 겁니다. 세월호 유가족 분들이 단식하고 있었을 때 일부 젊은이들이(일베 회원) 옆에서 폭식 투쟁하는 것을 보았습니다. 언론에서는 그냥 돌출적인 사회 현상인 것처럼 소개했는데요, 이것은 같은 나라의 국민으로서 있을 수 없는 일입니다. 인간으로서의 예의도 아니고요. 인간의 삶 자체를 조롱하는 것은 같은 인간으로서 해서는 안 되는 행동입니다. 이런 망동이 벌어진 이유는 간단합니다. 국가가 명확하게 책임져야 할 부분들을 책임지지 않았기 때문입니다.

● **김태훈**　정치만의 문제가 아닌 우리 공동체 전체의 문제일 수 있다는 지적에 동의합니다. 하지만 그래서 더욱 시스템을 만들고 운영하는 데 대한 정치의 책임이 요구되는 겁니다. 어른들의 이야기를 들었던 아이들이 희생됐습니다. 가장 비극적인 장면입니다. 나 스스로에게 물어봅니다. 어느 공간에서 만약 비상 상황에 처했을 때 안내방송을 믿을 것인가?

안내방송이란 '공적 시스템'을 상징합니다. 공적 시스템이 정해진 매뉴얼을 말했을 때 정상적인 사회는 그것을 믿고 쫓아갑니다. 그럼으로써 규칙이 유지되고, 안전을 보장받습니다. 하지만 비정상적인 사회에서는 안내방송이 도리어 혼란을 부추기고 이탈자를 양산합니다. 규칙은 깨지고 안전은 위협받습니다. 우리는 정상적인 사회입니까, 비정상적인 사회입니까? 후자라면 고장 난 안내방송은 누가 어떻게 고쳐야 합니까?

◆ **김부겸**　국가 공동체의 안전한 삶과 신뢰 회복을 위한 전면적 시스템 개혁을 당장 시작해야 합니다. 이 문제는 선거나 정권의 향배와 관련 없는 국가 존립의 문제입니다. 여야를 떠나, 계급장 떼고 정말 피를 토하는 심정으로 협의 테이블에 나가야 합니다. 정치인 김부겸은 이 테이블에서 어떤 역할도 주저하지 않을 것입니다. 국민의 불신이 도를 넘었어요. 현역 정치인이 멸종되는 건 상관없습니다. 다른 누군가가 그 역할을 하면 됩니다. 하지만 민주공화국이라는 체제가

흔들리는 건 회복 불능의 공멸을 가져옵니다.

살고 싶다며 랩을 절규하던 아들들, 마지막으로 엄마한테 사랑을 고백하던 딸들, 그 모습을 보면 우리가 그들에게 얼마나 못할 짓을 했는가, 참혹해서 말문이 막힙니다. 이런 기막힌 상처를 역사의 다음 페이지로 넘기지 않아야 한다는 합의가 가능하다면 나는 무엇이든 할 생각입니다.

● 김태훈 　세월호 참사와 메르스 사태를 통해서 우리 사회가 안고 있는 문제점, 특히 시민들이 갖고 있는 문제점들이 드러났다고 말하는 분들이 있습니다. 세월호는 사실 격렬한 논쟁과 성토가 있었지만 '내가 타고 있지 않았다'는 것 때문에 점점 흐지부지 묻혀가고 있습니다. 이제는 피로감을 느낀다고 말하는 사람이 늘어나는 지경입니다. 그런데 메르스 사태는 좀 다릅니다. 엄밀히 말해 모두가 그 배에 타고 있었던 겁니다. 희생자 수는 훨씬 적었지만 오히려 더 격렬하게 반응했던 것도 바로 내가 희생자가 될 수 있었기 때문입니다. 당연한 것이지만 두 사건을 통해 우리 사회가 갖고 있는 이기성이 그대로 드러났습니다.

◆ 김부겸 　혼란과 갈등을 통해 나타나는 이기적 행태라는 것은 이성을 넘어서는 본성입니다. 〈감기〉, 〈연가시〉 같은 영화들이 나왔지요. 우리 사회에 예고하지 않았던 충격이 왔을 때 우왕좌왕하는 모습이

실제와 하나도 다르지 않았습니다. 영화 속에서도 보면 재수 없는 사람들만 죽어요. 이건 공동체도 아니고 국가도 아니지요.

● **김태훈**　1997년 홍콩 반환과 관련된 재미있는 일화가 있습니다. 1980년대 초반까지 가장 인기 있었던 영화는 경찰이 주인공인 영화들이었습니다. 제도의 상징이고 사회정의를 실현하는 인물들이었는데, 1980년대 중반으로 넘어가면서 바뀝니다. 홍콩 느와르라고 해서 갱스터들이 등장합니다. 〈영웅본색〉, 〈첩혈쌍웅〉이 대표적입니다. 여기에 대한 영화 평론적, 사회학적 분석은 이런 겁니다. 국제법상 빠져나갈 수 없는 반환 문제가 걸리자 제도권의 정직한 인물들이 더 이상 인기를 누릴 수 없었다는 것입니다. 당시 홍콩에서 가장 우울하게 유행했던 말이 "노 비자(no visa), 노 퓨처(no future)"였습니다. 비자를 구해 해외로 빠져나가지 못하면 미래가 없다는 절망의 표현이었던 겁니다. 이런 상황에서 홍콩 시민들이 꿈꾸었던 건 제도 바깥의 인물들, 소위 무법자들이 만든 세상이었던 거죠. 선량한 무법자들, 정의감과 선의는 있지만 제도권에 얽매이지 않은 초인들이 나타나서 자신들을 구해 주길 바랐던 겁니다.

한국 사회의 위기감도 표현은 다르지만 본질은 크게 다르지 않다고 생각합니다. 영화 〈괴물〉이 단적인 예입니다. 〈괴물〉 이후 〈연가시〉라든가 〈감기〉 같은 작품들에서 등장하는 공통의 요소들이 있는데, 바로 제도권은 어떤 문제가 생기면 늘 은폐하려 한다는 점입니다. 그

와중에 문제를 해결하기 위해 고군분투하는 인물들은 다 민간인들입니다.

〈괴물〉에서도 한 가족의 이야기가 펼쳐졌는데, 그 가족이라는 게 어떻게 보면 부서진 가족이고 흔히 말하는 루저에 속한 패배자들일 뿐입니다. 그런데 그들이 '괴물'이라는 가장 큰 문제를 해결하기 위한 유일한 인물들로 존재합니다. 나머지 시스템이나 인물들은 그것을 은폐하기 위한 상징들로 등장합니다. 영화 속에서의 징후로 보면 우리 사회가 오래전부터 시스템에 대한 불신, 제도에 대한 불신, 지도자들에 대한 불신이 팽배해져 왔다는 걸 알 수 있습니다.

◆ **김부겸** 예전 같으면 데모 같은 직접적 표현이라도 했는데 이제는 그마저도 약해졌고, 반대로 서로에 대한 직접적인 극혐(極嫌)이나 조롱은 크게 늘었습니다. 차라리 길바닥에서 목이 터져라 외치는 게 건강했다는 생각이 들 정도입니다. 갈라진 정치권은 국론 분열의 주범일 뿐이지요. 서로 갈라지고 나면 치유를 못 합니다.

● **김태훈** 세월호 참사와 일 년 간격으로 벌어진 '메르스 사태'에 대한 의문은 한두 가지가 아닙니다. 전 세계 메르스 환자 1, 2, 3위가 다 중동인데 대한민국 환자 수가 4위라는 황당한 일이 벌어졌습니다. 이 지점에서 아픈 질문 하나 드리겠습니다. 야당은 지금 뭘 하고 있습니까? 이런 엄중한 상황 속에서도 존재감을 찾지 못하는 야당

에게 국민들이 지지를 보내야 할 이유가 있습니까?

◆ **김부겸** 이걸 고상한 원내 전략이라든가 전술의 차원에서 풀 게 아니었습니다. 야당이 존재하는 이유에 대한 명분과 가치를 걸었어야 했습니다. "우리를 다 끌어내든지, 쫓아내든지 알아서 해라!" 하면서 모든 걸 걸었어야 했는데, 그렇게 못한 거죠. 국가 경영을 이렇게 하는 것이 아니라고 문제를 제기하고 웅변했어야 할 야당이 오히려 사안을 기술적인 문제로 끌고 가 버렸습니다. 지독한 패착입니다.

비단 이 문제뿐만 아닙니다. 야당은 가장 먼저 민심을 읽고 대안 세력으로서의 신뢰를 확보해야 하는데 언제부턴가 기술적이고 조건반사적인 대응에 익숙해져 있습니다. 이런 식으로 여당을 상대로 한 정치 게임을 해서는 이길 수도 없고 미래도 없습니다. 국민을 향한 마음과 정성을 열지 않으면 현재의 국면을 돌파하기는커녕 여당과 보수언론이 쳐놓은 그물 안에서 허우적거릴 뿐입니다.

2

공존의
공화국을
위하여

‘상생'과 ‘공존'의 정치는

나의 일관된 정치철학입니다.

그것이 대한민국이 분열을 딛고

일어설 수 있는 유일한 길입니다.

성숙한 타협과 공존을 통한 대변혁의 길은

얼마든지 열려 있습니다.

§

● **김태훈** 여당과 보수언론이 쳐 놓은 그물에 걸려 허우적거릴 정도면 불쌍하고 한심한 겁니다. 야당이 민주주의 전체를 대표하는 기호는 아니지만 야당의 위기는 분명 민주주의가 맞은 위기의 한 단면일 수 있습니다.

나는 '팝 칼럼니스트'입니다. 아무래도 영화나 음악 쪽 이슈에 민감할 수밖에 없고, 영화나 음악을 통해 세상을 읽는 데 익숙합니다. 고노무현 대통령을 모델로 했던 영화 〈변호인〉도 흥행에 성공했습니다. 노무현에 대한 향수를 맡으려는 이들도 있었겠지만 인권을 위해 싸우는 주인공을 통해서 여전히 부실한 오늘의 현실을 돌아봤다는 생각도 듭니다. 고 김근태 의원이 겪은 실화를 소재로 했던 〈남영동 1985〉도 마찬가지입니다. 이처럼 살벌했던 시절에 대한 영화들이 극장에 걸리고 있다는 것은 그만큼 지금이 위기의 시기라는 반증이 아닐까, 그런 생각을 하게 됩니다.

◆ **김부겸** 지금 권력자들은 현대사의 질곡을 넘으며 국민들이 피 흘려 쟁취한 민주주의 가치를 폄하하고 있습니다. 정서적인 것은 물론 제도적으로도 깔아뭉개려고 하지요. 그러나 더 큰 두려움은 우리 마

음속에서 민주주의에 대한 회의가 자꾸 퍼져나간다는 것입니다. '민주주의, 이거 귀찮은 것은 아닌가?' '거추장스럽고, 비용만 많이 들고, 시간만 뺏기는 것 아닌가?'

언제부턴가 효율성이라는 우상을 숭배하다 보니 민주적 절차, 민주적 제도, 민주 정부라는 가치를 가볍게 보는 풍토가 생겼습니다. 권력자의 횡포보다 더 무서운 건 우리 스스로의 '변질'이지요. 더러는 민주적으로 하자며 다수결로 몰아붙이는 경우도 있습니다. 소수파들의 목소리가 반영될 기회는 주되 다만 의사 결정의 과정으로 다수결을 선택하라는 것인데 지금은 다수가 소수자의 입을 봉쇄하는 것까지 '다수의 권리'로 착각하고 있습니다. 귀찮다는 것이지요. 별것 아닌 것처럼 보이지만 이런 변질의 과정 하나하나가 민주주의를 멍들게 한다는 것을 잊지 않아야 합니다.

● 김태훈　민주주의의 형태에 대한 심각한 왜곡입니다. 다수결 자체가 민주주의는 아니에요. 다수결에 이르는 과정이 어떠하느냐가 민주주의입니다. 표결에 들어가기 전까지 소수와 다수의 의견이 치열하고 정당하게 논의를 거치고 표결을 통해 결정을 내린다는 것이 핵심입니다. 만약 다수결 자체가 민주주의라면 북한은 완전한 민주주의 국가입니다. 거긴 100퍼센트 찬성 아닙니까?

◆ 김부겸　그래서 교육이 중요합니다. "나하고 생각이 달라도 존중해

야 하고 함께 사는 것이다." 이렇게 가르쳐야 합니다. 그런데 민주주의라는 것을 학교에서 제대로 가르치지 않았습니다. 정치로는 대의 민주주의, 결과로는 다수결 원칙, 이렇게만 가르쳤어요. 민주주의 핵심은 '더불어 사는 것이다'를 가르쳐야 합니다.

우리가 배운 민주주의 두 축, '자유'라는 권리와 '평등'이라는 사회적 보장이 같이 가야 한다는 것을 모두가 기꺼이 동의했기에 여기까지 왔습니다. '대한민국은 민주공화국이다'라고 헌법에서 약속한 근거가 된 것이고요. 귀찮다고 무시하고, 그럴 수 있는 성격이 아닙니다. 그럼 헌법을 무시하는 게 됩니다. 법을 무시하는 건 '보수'가 가장 싫어하는 것 아닙니까?

7080시절에는 민주주의라는 단어가 귀했습니다만, 지금은 흔합니다. 당연히 주어진 것으로 압니다. 하지만 본질은 오히려 잊히고 있어요. 학벌이 좋거나 배경이 좋은 친구가 이끌면 따라가는 것이 민주주의는 아닙니다. 솔직히 우려의 마음이 큽니다.

● 김태훈　1970년대는 경제 성장 담론에 민주주의가 폭행을 당했지요. 그런 시대가 있었는데 또다시 성장 담론에 묻혀서 민주주의가 후퇴하는 듯합니다.

◆ 김부겸　민주주의는 결코 후퇴해도 좋은 '선택 가치'가 아닙니다. 절대 포기할 수 없는 '절대 가치'이기 때문입니다. 상황이 비관적이라

해도 본질적으로 후퇴하지는 않을 거라 생각합니다. 그런데 청년들의 삶이 계속 어려워지면…… 성장의 가능성이 안 보이고 경제적 불평등이 증폭되면 그때는 문제가 달라집니다. 이 경우 두 가지 현상이 나타나기 쉽습니다. 하나는 파시즘이고 다른 하나는 국가관의 붕괴입니다. 어느 것이든 무서운 겁니다. 이런 상황을 막기 위해서는 젊은 세대들을 위한 일자리를 만들고 삶의 가치를 높여야 합니다. 내가 귀하니까 내 이웃도 귀한 것이고, 우리 모두의 행복이 귀하다는 가치를 일깨우는 방법밖에 없습니다.

일부 젊은이들은 이렇게 말합니다. "확 뒤집어졌으면 좋겠어!" 그렇게 되면 그런 사태를 누가 책임지나요? 정말 확 뒤집어지지도 않지만, 실제로 뒤집어지면 기회가 막 돌아가나요? 아닙니다. 우리 세대는 앞 세대의 피눈물을 보고 경험했습니다. 아무렇게나 함부로 말하면 안 됩니다. 오늘날 젊은 세대들이 "어쩔 수 없다, 이렇게 살 바에는 확 뒤집어졌으면 좋겠어!"라고 한다면 우리 민주주의는 실패한 겁니다. 이 상황에서는 누구도 승자가 될 수 없어요. 만약 젊은 세대의 좌절과 냉소가 어떤 정당의 득표에 유리하고 불리한가를 따진다면 그건 죄악입니다. 나라가 망하는데 선거에 이겨 뭐 합니까!

● **김태훈** 최근 두 가지 흐름이 있었습니다. 싱가포르의 국부로 평가받는 리관유 전 총리의 죽음을 계기로 '싱가포르 발전 모델'이 다시 이야깃거리가 되고 이에 동의하는 사람들이 많다는 겁니다. 인권이

고 뭐고 잘살면 된다는 것이고, 시끄럽게 목소리 큰 사람들 확 때려 잡는 강력한 규제가 있는 게 차라리 좋겠다는 겁니다. 시끄럽지 않고 배만 부르게 해 준다면 독재도 나쁠 게 없다? 분명 위험한 접근임에도 불구하고 많은 사람들이 싱가포르 모델을 이야기합니다.

한편으로는 말씀하셨던 "이렇게 살 바에야 확 뒤집어지는 것이 낫겠어!"라고 말하는 층들입니다. 이들이 주로 원하는 건 '부동산 폭락'입니다. 아주 망하길 바랍니다. 경제 전문가들은 부동산이 폭락했을 때 소위 가진 자들은 버틸 수 있지만, 자기 집이 없는 사람들은 더 힘든 상태가 된다고 합니다. 부동산이 미치는 파급 효과가 워낙 커서 단순히 집값 폭락으로 그치는 게 아니라 고용이 줄고, 실업률이 증가하고, 특히 건설 일용직들의 피해는 끔찍할 정도라는 거지요. 엄청난 고통을 동반한 문제들이 발생할 텐데도 부동산 폭락을 바라는 분위기가 일부 있는 게 사실입니다. "난 어차피 망했고, 그러니 집 가지고 있는 너희들도 폭삭 망했으면 좋겠어!" 그런 겁니다. 이 두 가지 모두 민주주의적 절차의 부재라든지, 성장 담론이 멈췄다든지, 하는 상황 속에서 발생하는 감정적 대응이라 할 수 있습니다.

◆ **김부겸**　싱가포르는 말레이 연방 내에서 화교들이 몰려들어 만든 도시국가니까 우리와는 조건이 다르지요. 다만 가사노동으로부터 여성들을 해방시켰다는 점은 흥미롭습니다. 싱가포르는 집에서 음식을 요리해 먹는 사람이 거의 없더군요. 아파트와 식당가가 가깝게

연결되어 있어요. 사회 조직을 짜면서 자기들 나름대로의 방식을 개발했다는 것은 분명합니다. 다만 도시국가적 특성과 우리를 비교할 수는 없어요.

부동산 거품 붕괴는 이미 일본이 겪었지만 주로 기업 부동산 쪽의 문제였지 개인에게 파급되는 영향력은 크지 않았습니다. 나름 방어 시스템이 작동했던 거지요. 미국은 2008년 서브프라임 모기지론에서 시작된 경제 위기를 겪었습니다. 이때는 사람들이 집 없는 빈민으로 전락해 쫓겨났어요. 끔찍한 일이 벌어진 겁니다. 사람들은 집에서 쫓겨나고 금융기관은 채권 회수가 안 돼서 무너지고……. 미국도 공적자금을 투입해 금융기관을 살렸지요. 결국 개인들만 집에서 쫓겨나고 알거지가 된 겁니다. 감정 상한다고 '붕괴'를 즐길 일은 아닙니다. 결국 힘없는 사람만 다칩니다.

● 김태훈   부동산 이야기가 나오면 전세와 월세 문제를 짚고 넘어가지 않을 수 없습니다. 미국은 거의 100퍼센트 월세입니다. 직장을 잃으면 두세 달 안에 집에서 쫓겨납니다. 우리는 가장이 실직했더라도 그나마 전세 제도에 기대어 여유를 벌 수 있었습니다. 지금 부동산 시장이 급격하게 월세로 전환되고 있는데 어떤 전문가는 당연한 변화라고 주장하기도 합니다. 아마 집이 있거나 월세 전환의 걱정이 없는 집에 사시는 분일 겁니다.

성장은 정지, 혹은 하락세고 고용 불안은 증가합니다. 여기에 저금리

기조가 계속되면 월세를 감당하기 어려운 상황이 옵니다. 사회적 혼란은 이루 말할 수 없을 겁니다. 결국 사회적 약자에 관한 문제를 지금처럼 형식적으로 대하고 대처한다면 우리 공동체가 한 걸음도 움직일 수 없다는 결론에 이르게 됩니다.

우리가 책이나 실제 역사 현장에서 경험했던
진보라는 틀 안으로
모든 논리를 다 끌어 넣는 것에
동의하지 않습니다.

◆ 김부겸   어떤 이념이나 정치 체제도 '빵' 문제를 해결하지 못하면 위기에 처합니다. 화려한 수식으로 포장되는 업적을 남기는 게 중요한 게 아닙니다. 국민들이 당장 먹고사는 문제에 대한 안정적이고 지속적인 답을 제시하는 게 정치입니다. 중국이 개혁개방을 선언하며 선택한 건 이념이 아니라 인민의 삶이었습니다. 인민이 굶주리는 혁명은 그 뿌리부터 모순에 처해지기 때문입니다. 민주주의 역시 마찬가지입니다. 책 속에 박혀 있는 이념이 아니라 현실의 삶에서 방향을 찾아야 합니다.

●**김태훈** 사실 이념 과잉의 시대라 할 만큼 모든 걸 이념의 잣대로 해석하려 합니다. 민주주의의 본질과 헌법 정신에 관한 것은 물론이고 앞서 잠시 언급한 부동산 문제 같은 것들도 '이념'에서 자유롭지 못합니다. 마치 실과 바늘처럼 떼려야 뗄 수가 없습니다. 분단과 전쟁이라는 역사가 남긴 생채기고, 정치는 이를 치유하기보다는 자기 진영의 공고화를 위해 부추기고 확대 재생산하는 데 열중했습니다. 대한민국에서 이념이란 무엇이고, 진보와 보수는 무엇입니까?

사실, 대한민국에서 보수는 여당이고 진보는 야당이라는 전제 자체가 맞지 않습니다. 새정치민주연합이 진보 정당인가요? 계급을 대변하고 있습니까? 어떤 면에서는 그저 정권을 못 잡은 보수 아니냐는 겁니다. 새누리당도 마찬가지입니다. 보수가 아니라 '자본중심론자'들일 뿐이라는 비아냥거림이 있습니다. 보수란 기본적으로 애국주의를 중심으로 해서 발전해 왔는데 대한민국에서는 소위 친일 세력이 해방 이후까지 잔존하면서 집권 세력의 중심축을 형성했습니다. 애국하고는 거리가 멀지요. 그러다 보니 지금 자칭 '보수'라는 여당의 색깔은 국가 중심이 아니라 개인 중심이라는 생각이 들 정도입니다.

◆**김부겸** 현재 대한민국 사회에서 '진영' 혹은 '정당'이라는 기준에서의 진보와 보수 구분은 분명한 경계를 갖지 못합니다. 남과 북은 모두 식민지를 경험했습니다. 강제 노역장으로 납치되고, 정신대로 끌려가고, 군대로 끌려가고, 재산을 빼앗기면서 심지어 모국어조차 자

유롭게 쓸 수 없는 경험을 했습니다. 이 사람들에게 국가가 얼마나 소중한지는 상상 이상이지요. 그러다가 같은 민족끼리 이데올로기 때문에 싸웠습니다. 그냥 다툰 정도가 아니라 사백만 명 이상이 사상을 당했을 만큼 큰 전쟁이었습니다. 열 명 중에 한 명은 죽거나 다쳤다는 이야기입니다. 성격이 다른 독재정권 아래서 각각 억압을 받아야 했는데 어느 날 남쪽에서는 국민들이 봉기하고 투쟁한 결과로 민주주의 헌법을 쟁취했습니다.

이런 경험들이 우리 안에 뙈리를 틀고 있어요. 그러니까 어디서 어디까지가 진보요, 어디까지가 보수라고 규정할 수 없게 된 겁니다. 다른 크기와 중요성(dimension)으로 존재하는데 그걸 어떻게 두부 자르듯이 자를 수 있나요? 반공과 종북으로 자를 수도 없고, 애국과 매국으로 자를 수도 없고, 부자와 빈자로 자를 수도 없고, 영남과 호남으로 자를 수도 없고, 여당과 야당으로 자를 수도 없습니다. 다 섞여 있으니까요.

좀 더 정직하게 이야기하면 지금의 보수는 극우일 수도 있고, 합리적 보수일 수도 있고, 국가 주도 세력일 수도 있을 겁니다. 이들 중에는 대한민국의 미래를 위해서 이런 식의 독점적 구조가 지속가능하지 않다고 믿는 사람도 제법 있습니다.

지금의 야당에는 대한민국은 태어나지 말았어야 할 국가, 미 제국주의의 식민지 등으로 이야기하면서 사실상 대한민국의 정통성을 의심하고 비판하는 인사들도 있습니다. 하지만 이런 극소수 사람들이 갑자기 다수의 세력을 이루거나 그들의 세계관으로 야당을 끌고 가는 것은 불가능합니다. 노동 계급의 문제를 전면에 내세우고, 사회경제적 약자를 역사의 중심에 세우면서 그들의 권리를 되찾기 위한 정치를 하는 진보 정당도 있습니다. 하지만 그런 진보 정당 내에서도 북한 정권을 보는 입장이 각기 다릅니다.

복잡하지만 이렇습니다. 남북문제를 기준으로 구분되는 진보와 보수가 있고, 사회적 계층의 문제로 나누어지는 진보와 보수가 있습니다. 그리고 노동의 가치와 권리라는 측면에서 나뉘고, 국가와 헌법에 대한 태도로 나누어지는 진보와 보수가 있습니다. 이것이 다 섞여 있어 한 선으로 갈리지 않습니다. 원래 정당이라는 것이 그 갈라진 축 위에 있으면 튼튼한 것인데, 적어도 현재 대한민국 사회에서 '진영' 혹은 '정당'이라는 기준에서의 진보와 보수 구분은 그렇게 분명한 의미를 갖지 못합니다.

● 김태훈 거슬러 올라가면 1970~1980년대 학생운동 때부터 성향의 차이를 보였습니다. NL과 PD 논쟁이 그렇습니다만 솔직히 그때의 갈라짐이 30년 후, 이렇게까지 엄청난 사회적 분열을 가져올 것이라는 건 아무도 몰랐습니다. 공자(孔子)님이 이렇게 말했습니다. "황제가 되면 가장 먼저 무엇을 할 것인가."라는 질문에 "세상 낱말의 정의부터 다시 정리하겠다." 지금 시대에 공자님이 오신다면 머리 좀 아프시겠습니다. 아무튼 지금 여당은 보수, 야당은 진보라는 도식이

국민들 사이에 널리 퍼져 있습니다. 공자님이든 맹자님이든 모셔다 진보와 보수에 대한 정의부터 다시 해야 할 판입니다.

◆ **김부겸** 공자님을 모셔다 개념 정리를 해야 할 대표적인 정당이 '새 정치민주연합'입니다. 색깔이라고 할까요, 정체성이라고 할까요, 짚 고 넘어가지 않을 수 없습니다. 완전히 보수 편향적인 국가 운영에 동의하지 못하겠고 그렇다고 해서 대한민국의 정통성이나 헌법 가 치를 의심하는 세력과도 동석할 수 없다는 사람들이 현재 제1야당인 새정치민주연합의 구성원들입니다. 그럼 그런 가치와 지향을 튼튼 하게 만들어야 하는데 내용이 풍부하지 못해요. 그러다 보니 누구는 진보적이 아니라고 비판하고, 누구는 중간층 이상의 보수를 설득할 만한 안정성과 유연성이 부족하다고 비판합니다. 완전 안팎으로 욕 을 먹는 샌드위치 신세입니다.

지역적, 사회적으로 소외되었던 호남이라는 튼튼한 받침이 있어서 그나마 여기까지 왔습니다. 고백하자면 새누리당 못지않게 지역에 기댄 이득은 다 누리고 있어요. 호남이 역사적으로 소외의 아픔을 겪 었고 그런 배경 때문에 변혁과 민주주의의 보루였다는 가치가 없었 다면, 어떤 변명조차 할 수 없는 상황입니다.

이런 구도를 넘어서 국가 사회 전체의 발전을 위한 계층 소외와 모 순에 관한 명확한 대안을 제시해야 하는데 그저 조막만 한 이득에 취해 있습니다. 어떤 때는 진보적인 목소리를 냈다가 어떤 때는 어중

간한 목소리를 냅니다. 어떤 때는 보수보다 더 도덕적 해이를 불러일으키기도 하고, 외부의 환경을 탓하기도 합니다. 국민들이 진심을 모르고 표를 주지 않는다고 섭섭함을 토로하기 전에, 자신들의 한계에 대한 자각과 반성이 필요합니다.

● **김태훈** 진보와 보수라는 기준 자체가 적어도 현 단계의 한국 사회에서 유의미하지 않다는 거지요? 그리고 새정치민주연합은 보수도, 진보도 아닌 성격이 좀 모호한 세력이라는 말씀이십니다.

◆ **김부겸** 실망스럽기는 새누리당이 더하지요. (웃음) 능력 있는 보수라고 자처하면서 나라를 이렇게 엉망으로 경영하고 있으니 할 말이 없을 겁니다. 아무튼 지금 우리 머릿속에 있는 진보와 보수라는 기준선으로 누군가를 평가하고 재단해서는 안 된다는 겁니다. 정치 진영이 이런 이분법에 의해 구분되거나 갈라지는 것도 옳지 않습니다.
그런데 그런 이분법으로 나누면 명확하게 나와 상대를 식별할 수 있고, 정치적 공세를 위한 명분을 획득하기 쉽기 때문에 그냥 해 버립니다. 마약에 길들여진 사람이 습관처럼 주사기를 찾는 것과 같습니다. 궁극에는 자신은 물론 주변 모두를 파멸에 이르게 할 최악의 선택을 몽롱한 상태에서 하는 겁니다. 지금 정치권은 그처럼 몽롱한 상태입니다.
이 점에 있어서는 현 집권 세력의 책임과 죄가 너무 큽니다. 만사를

'종북'과 '빨갱이' 논리로 풀어 가면서 나라를 이 지경으로 난도질하는 게 그들이 원하는 선진 국가인지 묻고 싶어요.

● **김태훈**　위원장님이 말씀하신 것처럼 진보와 보수는 여러 가지 복합적인 관계들이 얽히고설켜 있습니다. 경제적으로는 보수 쪽에 가 있지만 정치적으로는 진보 쪽에 가 있다거나 하는 식으로 혼재된 상황들이 굉장히 많습니다. 그러다 보니 여러 가지 민감한 문제들이 발생될 때마다 그것을 풀어 줄 실마리를 찾기 어렵다는 문제가 있습니다. 대한민국 사회가 엄청나게 고도화되기 시작했고 다양한 이해들로 나누어지고 있는데, 그것을 해결할 만한 정치적 능력은 잠자고 있는 겁니다.

정치는 계속 '상식, 상식'을 부르짖지만 상식이라는 단순한 틀만 갖고서는 도저히 해결할 수 없는 문제들이 널려 있지 않습니까. 복잡하다고, 힘들다고 뒤섞임을 방치할 게 아니라 지금이라도 열혈한 진보의 모습, 도덕적인 보수의 정체성을 만들고 이 축 위에서 새롭게 진영이 만들어져야 하지 않나, 그런 생각을 하게 됩니다.

◆ **김부겸**　나는 지금까지 우리가 책이나 실제 역사 현장에서 경험했던 진보라는 틀 안으로 모든 논리를 다 끌어넣는 것에 동의하지 않습니다. 교과서에 뭐라고 쓰여 있든 현 단계 한국 사회에서 진보는 개인의 권리, 공공의 선, 연대성 이런 것을 확보해 주는 노력이라고

봅니다. 사회적 강자로부터, 그것이 정치적 강자든 경제적 강자든 문화적 강자든 간에, 그 강자에게 보호받지 못하는 사회적 약자들이 있습니다. 이들을 공공의 가치, 연대의 가치로 묶어 주고, 당신의 권리를 주장할 수 있다고 알려 주고 손잡아 주어야 합니다. 나는 이것이 현 시기에 대한민국의 진보와 개혁적인 정치 세력이 해야 할 역할이라고 생각합니다.

위에서 말한 내용들은 모두 대한민국 헌법에 명시되어 있는 것들입니다. 그리고 우리는 모두 대한민국의 헌법적 가치에 합의했습니다. 헌법적 가치라는 당당한 무기를 사용해 그들의 손을 잡아 주고, 그들 편이 되면 됩니다.

● 김태훈　결국 누가 나서서 어떻게 역할을 할 것인가의 문제가 아닐까 싶습니다. 당연히 야당의 몫이자 역할이고 국민들도 야당에게 그런 기대를 갖고 있지만 솔직히 배신감이 큽니다.

◆ 김부겸　우리가 한때 그토록 신봉했던 '진보적 가치'라는 것이 오늘의 현실에서는 상당히 빛이 바랬습니다. 그 잣대로는 지금의 상황을 설명할 수 없습니다. 그러면 현재 대한민국에 존재하는 야당(명확하게 진보 정치라고는 표현하지 않겠다)이라는 세력의 역할은 뭘까요? 한때 손학규 전 대표는 이것을 '진보적 자유주의라'고 표현하기도 했습니다. 또 어떤 사람은 '합리적 야당의 길', 또 어떤 사람은 '대안 정

당의 길' 이렇게 불렀습니다.

뭐라 부르고 어떻게 불리든 나는 때가 되면 역사에서 이 세력들의 역할은 끝날 것이라 봅니다. 부정의(不正義)해서 끝나는 것이 아니라 그 소임을 다함으로써 끝나는 것이지요. 그 이후를 위해서는 현재의 제1야당보다 더 진보적인 가치를 내세우는 새로운 세력이 성장할 필요가 있습니다.

● 김태훈   해석하기에 따라서는 큰 파장을 던질 수 있는 말입니다. 역할을 다하고 끝난다……. 지금의 정치판이 흔들려야 한다는 말씀이십니까? 아니면 소임을 다하고 빨리 사라지자는 이야기인가요? (웃음) 위원장님 개인의 입장일 수도 있고 또 전체 판을 보는 특별한 입장일 수도 있겠습니다. 변하지 않는 건 과거의 어떤 전통과 단절을 결심해야 할 시점이 분명히 왔다는 것입니다. 그렇다면 기존의 정치인들이 그 책무를 해 줄 수 있을 것이냐, 아니면 새로운 대체 세력이 등장해야 할 시점인가에 대한 고민도 분명히 있을 것 같습니다.

◆ 김부겸   국민들은 단연코 후자를 바랄 겁니다. 새로운 정치 세력의 등장과 낡은 세력의 교체는 역사의 필연입니다. 그 속도가 어느 정도냐, 어떤 과정을 거치느냐의 문제지 거스를 수는 없습니다. 정치가 드라마라면 새로운 스토리와 반전을 기대할 수밖에 없지 않을까요? 여기에 혜성처럼 등장하는 새로운 주인공은 필수지요. 그런데 낡은 것

은 쉽게 무너지지 않고 새것은 쉽게 출현하지 않습니다. (웃음) 어떤 명분이든 내세우고 온갖 불안을 조성할 겁니다. 하지만 낡은 것은 사라지고 새것이 오는 역사의 순리가 한 번도 좌절한 적은 없습니다.

> 끝없는 갈등과 균열, 분노와 좌절,
> 냉소와 비아냥거림, 이런 것이 계속되면
> 한 사회가, 국가가 무너질 게 뻔합니다.

● **김태훈** 정치란 결국 사람이 중심인데 대안이 될 정치인이 눈에 띄지 않습니다. 시대가 그래서일까요? 혹시 스스로 어떤 대안이 될 수 있다는 생각을 하시지는 않습니까? 총선을 거치고 대선 국면을 맞으면서 결국 어떤 형태로든 인물은 부각되어야 하고 세력은 정리되어야 할 테니 말입니다.

◆ **김부겸** 백마 탄 왕자가 쉽게 나타나지는 않을 테니 넋 놓고 기다릴 수는 없습니다. 사실 새로운 생각과 새로운 공동체에 대한 애정으로 준비된 사람들은 세대별로 나오고 있습니다. 이 사람들이 개인이 아니라 연합과 연대를 이룰 수 있을 때 어떤 문제를 풀 수 있을 겁니다. 새로운 사람과 그들의 연대라는 얘기는 결국 '좋은 정당 건설'로 귀

결됩니다. 지도자도 있어야 하고, 이념이나 가치도 중요하지만 민주주의를 떠받치는 가장 큰 핵심은 정당입니다. 정당이 중요한 이유는 또 있습니다. 제가 볼 때 여당보다 야당에 훌륭한 지도자가 훨씬 많습니다. 문재인을 비롯해, 안철수, 박원순, 안희정 등 자질이나 능력 면에서 여당의 김무성, 김문수, 오세훈, 유승민보다 조금이라도 더 나은 인물이 즐비합니다. 하지만 내가 대안인지는 잘 모르겠습니다. (웃음) 대안이라고 하면 건방진 표현이 되고 아니라고 하면 정치인으로서 패기가 없게 되는 거지요.

유능한 인물이 많으니, 그럼 야당 후보들이 여당을 꺾고 무난히 집권할 수 있겠는가? 아마 누구도 쉽게 그렇다고는 말하지 못할 겁니다. 왜 그럴까요? 새누리당에 비해 새정치민주연합이 '잽'도 안 되는 겁니다. 정당이 갖추어야 할 조직력, 정책 생산력, 정치력, 지지 기반, 의제 설정 능력, 심지어 선거운동 실력까지 모든 면에서 밀립니다. 그러면서도 야당은 심지어 자기들끼리 서로가 서로를 깎아먹습니다. 서로를 끌어내립니다. 그 결과 악화가 양화를 구축하고 있어요. 문제는 정당입니다. 인물도 세력도 결국 정당으로 귀결됩니다. 지금 새정치민주연합의 실패는 정당으로서의 실패이고, 이 정당을 제대로 된 정당으로 만들지 않고서는 실패를 반복할 수밖에 없다고 감히 말씀드립니다.

● **김태훈**　결국 세력 교체와 새로운 인물을 통한 리더십의 변화가 필

요하다는 결론에 이르게 됩니다. 그런데 그런 '루틴'한 방법이 아닌 좀 더 화끈한 변화는 가능하지 않은 겁니까? 결국 당이 이름만 바꾸는 변화나 이 방에 있던 사람이 저 방으로 옮겨 계급장 달고 큰소리치는 이벤트가 아닌 진짜 '혁명'은 불가능한 건지 묻고 싶습니다.

◆ **김부겸** 과연 피 흘리는 혁명을 선택해야 할까요? 어렵지만 타협과 공존의 길을 찾아야 합니다. 그렇지 않고는 풀리지 않습니다. 끝없는 갈등과 균열, 분노와 좌절, 냉소와 비아냥거림, 이런 것이 계속되면 한 사회가, 국가가 무너질 게 뻔합니다. 상당수의 남미 국가들이 그런 과정을 통해 몰락의 길로 접어들었습니다. 이런 몰락은 필연적으로 경제적 궁핍과 인권의 축소를 불러옵니다. 그러니 지금처럼 다투다가 공멸하는 치킨게임은 중단해야 합니다.

새누리당 내에서도 이런 구도가 더 이상 지속가능하지 않다는 합리적 주장이 꽤 많아요. 대표적으로 유승민 전 원내대표의 국회 연설은 근래에 보기 드문 명연설이었습니다. '보수의 변화'를 넘어 대한민국 주도 세력의 진지한 자기 성찰이었습니다.

● **김태훈** 굉장히 인상적이었습니다. 과거 같으면 야당 대표가 할 연설이었어요. 그러니 야당 의원과 지지자들 사이에서 찬사가 터져 나올 수밖에 없었을 겁니다. 말하자면 이건 새로운 정치적 지향점을 향해 가야 한다고 사인을 보낸 것인데, 새누리당에서 이런 이야기가 나

오게 된 배경을 어떻게 이해해야 합니까?

◆ **김부겸** 지금 집단 또는 조직으로서의 새누리당 의원들과 유승민 전 대표의 차이점은 딱 하나입니다. 유승민 전 대표는 진영 논리에서 벗어난 겁니다. 반면 대부분의 정치인들은 진영 논리에서 헤어나질 못하고 있습니다. 그 이유는 두 가지인데 하나는 정치인들이 튀지 않으려고 합니다. 모난 돌이 정 맞더라, 가늘지만 길게 가자, 그렇게 지레 졸아 있는 게 이유 중 하나입니다. 다음은 진영 속에서만 정치를 하려고 해서 그런 겁니다. 지지층만 보고 정치하겠다는 거고 국민 전체를 안 봅니다. 당에서 공천받는 것이 중요하고, 그래야 전당대회 나가서 최고위원도 할 수 있고, 자신에게 열광하는 팬클럽도 생긴다는 겁니다.

당장 눈앞의 곶감 빼먹기에 급급하지, 감나무 키우고 감을 깎아 말리는 과정은 나는 모르겠다는 아주 이기적인 행태가 팽배해 있습니다. 지지층만 갖고 선거에 이길 수 있습니까? 특히 야당은 평소 지지율이 20퍼센트 대에 불과합니다. 그럼 기권율 40퍼센트라 치고 나머지를 어디서 벌어 올 겁니까?

지금 이런 진영 정치의 한계에 갇혀 있는 건 여야가 마찬가지입니다. 국민을 안 봅니다. 상대 정당 지지층도 국민인데 그들을 적으로 간주하는 행위입니다. 무당파층이나 기권층에 대해서는 그들이 왜 이 당 저 당 다 무관심하고 심지어 혐오하는지 고민을 안 합니다. 그러나 정작 정치의 존재 목적은 바로 이 무당파층, 기권층에게 있습니다. 진영으로 딱 나뉘어서 서로 인정 안 하고, 심지어 적대하고, 상대방이 없어져 버렸으면 좋겠다고 생각하는 이런 '지지층만의 정치'는 필연적으로 독재로 가게 되어 있습니다.

지금 이런 상태의 정치판에서 유승민 대표의 탈진영적 태도, 전체 국민을 바라보는 솔직하고 진지한 문제의식이 국회 본회의장에서 국민이 지켜보는 가운데 딱 나오니까 다들 깜짝 놀란 거죠.

● **김태훈**　야당이 여기에 어떤 대답을 주었습니까? 유승민 의원과는 개인적으로도 가까우신데, 최근 두 분이 자리를 함께하셨다는 보도도 있었습니다. 이를 두고 새로운 정치 결사의 출현을 이야기하는 분들도 있는데요, 그냥 단순한 시나리오는 아닐 것 같습니다.

◆ **김부겸**　단순하지는 않지만 시나리오인 건 맞습니다. 정치 결사라는 게 그렇게 쉽게 만들어지는 게 아닙니다. 물론 지금 양당체제가 국민의 기대에 부응하지 못하는 측면이 많다는 점은 우리가 다 알고 있습니다. 하지만 기성 질서를 깬다는 건, 주체의 노력도 노력이지만 제도의 변화가 뒷받침되어야 합니다. 국민의 여망이 화산 분출하듯 가시화되는 것도 필요합니다. 하다못해 전쟁이나 혁명 같은 거대한 지각 변동이라도 일어나야 합니다.

한국 사회는 식민지와 전쟁, 시민 혁명과 쿠데타 군사독재, 민주화와 산업화를 지난 100년 동안 다 겪었던 나라입니다. 지금도 분단과 지역주의라는 구조가 딱 우리 위에 씌워져 있습니다. 분단은 멍에고, 지역주의는 고삐입니다. 분단 때문에 탈이념, 탈냉전이 아직도 안 이루어진 나라가 바로 대한민국입니다. 이 멍에가 씌워져 있는 한 한반도는 분단에 따르는 온갖 부담을 계속 지고 갈 수밖에 없습니다. 거기다 지역주의는 고삐인데 주인이 왼쪽을 당기면 왼쪽으로, 오른쪽을 당기면 오른쪽으로 꼼짝 못하고 끌려가는 조종 장치입니다.

이런 상황과 조건에서 몇 사람 뜻이 같다고 우리끼리 같이 하면 잘 될 것이다? 결코 쉽게 할 수 있는 이야기가 아닙니다. 슬프지만 그게 현실입니다.

> 진보는 기본적으로 우리에게 주어진
> 조건의 불균질함을 극복하고
> 모든 사람이 인간으로 누려야 할 기회와
> 행복의 균질함을 추구하는 것입니다.

● **김태훈**　말씀하신 부분을 인용해 질문 드리겠습니다. 진보도 이제 굉장히 다변화되었고 복잡한 이해관계로 얽혔기 때문에 반드시 하나의 의미만으로 해석할 수는 없습니다. 정치적 진보, 사회적 진보,

혹은 경제적인 부분에 있어서의 진보 등. 그럼에도 불구하고 우리 스스로를 진보라고 부른다면, 그것이 경제적이든 사회적이든 정치적이든 절대로 변하지 않는 하나의 가치 같은 것은 있을 것 같습니다. 적어도 이런 부분만큼은 훼손되지 않았으면 하는 것이 있다면 무엇일까요?

◆ 김부겸   어떤 행위를 할 기회가 주어졌을 때 기회와 책임을 개인 중심으로 보느냐 혹은 집단 중심으로 보느냐, 이것이 가장 큰 구분점이라고 생각합니다. 보수는 개인에게 기회를 주되 책임 역시 철저하게 개인에게 묻습니다. 그러나 진보는 개인차를 인정하고 주어진 환경조차도 아주 균질할 수 없다고 봅니다. 저마다 다양한 환경과 조건 속에 놓여 있지만, 그래도 인간은 사회적으로 함께 풀어 가야 할 과제와 추구해야 할 가치가 있다고 보는 태도, 이것이 진보라고 생각합니다.

◆ 김태훈   어떤 사람이 열심히 살았음에도 불구하고 자신이 원하는 만큼의 양과 질의 규모를 가질 수 없다면 보수는 그것을 개인의 노력이 부족했으니 경쟁 사회에서 어쩔 수 없는 결과라고 판단합니다. 반면 진보의 입장에서는 그런 사람들이 좀 더 균질한 삶의 질을 유지할 수 있도록 시스템의 개선과 사회적인 책임이 필요하다, 이런 개념으로 접근해야 한다는 겁니까?

◆ **김부겸** 그렇습니다. 나는 가끔 이런 비유를 합니다. 100미터 달리기를 할 때, 기본적으로 똑같은 라인에서 스타트해서 뜁니다. 보수는 경기장에 들어온 이상 주어진 환경까지 숙명적으로 받아들여야 한다고 말하지요. 진보는 트랙의 환경이 공평하지 않다면 그것부터 고쳐야 한다고 말합니다. 더군다나 뛰다가 쓰러진 사람이 있으면 내버려 두고 가는 게 아니라 그 사람을 일으켜 세워 완주할 수 있도록 도와야 한다고 생각합니다.

이런 비유를 했을 때 동의하는 사람들도 있고 동의하지 않는 사람들도 있습니다. 다만 분명한 것은, 우리에게 진보와 보수에 관한 오해가 존재한다는 것입니다. 보수를 냉정하고 차갑고 이기적인 이미지로만 보는데, 그것은 곤란합니다. 자신들의 가치를 보수라고 할 때는 지켜야 할 그 무엇, 그것이야말로 한 개인뿐 아니라 공동체에 필요한 것이라는 신념 같은 게 분명히 있습니다. 그걸 '보수가 가진 시대착오적인 것, 기득권 유지적인 것'이라고 보는 건 올바른 판단이 아니지요. "애국심은 보수의 것이다!" 이런 식의 논리도 오해입니다. 그럼 진보는 매국입니까?

거꾸로 진보에 대한 오해도 있습니다. 진보는 기본적으로 우리에게 주어진 조건의 불균질함을 극복하고 모든 사람이 인간으로 누려야 할 기회와 행복의 균질함을 추구하는 것입니다. 과격하다거나 반사회적인 불순분자들이 아닙니다. 그리고 양쪽이 정치적으로 갈등하고 대결해야만 하나? 타협할 여지는 없는가? 이런 논의들이 좀 더

풍성해진다면 서로의 매력이 많이 보일 거라 생각합니다.

● **김태훈**　한 사회 속에서 한 개인이 스스로 선택할 수 없었던 조건에 의해 차별이 발생한다면 그 간극을 사회적 책임으로 메워 주고 공평한 기회 속에서 출발할 수 있도록 해 주는 것이 진보의 태도다, 그런 말씀입니까?

◆ **김부겸**　진보는 사회가 공동으로 짐을 나눠지자는 것이라면 보수는 다른 기회나 다른 짐을 지어 보게 하는 것이 뒤처진 사람에게 도움을 주는 태도라 생각합니다. 보수는 기왕에 주어졌던 것에 대한 최소한의 경의를 요구합니다. "당신들이 가진 것은 공동의 것을 빼앗은 것이다, 강탈한 것이다."라고 하는 시각을 극도로 경계하지요. 사실 그럴 수밖에 없었습니다. 과거부터 우리 사회의 보수는, 친일파라든지 경제 성장 과정에서 독재 권력과 결탁했던 특권층이 그 토대를 이루고 있었습니다. 제대로 따지자면 오욕의 역사를 쓸어버리고 전부 바로잡자고 해야 합니다. 이미 지나간 것이니 건드리면 안 된다고 체념하는 한 이 사회의 미래는 없어요.

하지만 이제 와서 과거사를 바로잡고 공동체의 정기를 세우기 위해 모조리 처단하자고 하는 것도 쉽지 않습니다. 그러면 너무 혼란스러워집니다. 당신들이 갖고 누렸던 기회와 특권을 더 많은 사람들과 나눌 의지는 없는가, 이에 대해 깊은 고민을 해 달라고 요구하는 게 공존의 정신입니다. 강요받아서가 아니라 보수 스스로가 제발 먼저 각성해 주길 바라는 거지요. 더불어 그게 싫다고 상대를 무조건 빨갱이, 종북으로 몰아 버리는 것으로 은폐하지 말라는 겁니다. 자신들은 잘 살고 나머지는 불행한 가운데서 이루어지는 그런 공동체는 없습니다. 보수 스스로가 깨달아야 합니다.

● **김태훈** 진보 정치의 지향점은 같이 잘살자는 공존의 정신입니다. 물론 경제적인 측면이 강조된 것이지만, 그럼에도 현실에서 진보 정치를 하는 사람들의 방법론이라든지, 감정적 부분을 보면 과연 이게 함께 잘살자고 하는 말과 행동인가? 이런 의문이 들기도 합니다.

◆ **김부겸** 진보적 가치를 자기 삶의 축으로 삼는 것에 대해 뭐라 논평할 수는 없습니다. 보수적 가치도 마찬가지입니다. 그러나 나하고 같지 않다고 해서 사라져야 할 대상은 아닙니다. 단지 다를 뿐입니다. 현재 우리가 사는 이 공동체의 리더십은 박근혜 대통령과 새누리당에 주어져 있습니다. 나는 분명히 박 대통령의 정치철학과 집권 여당의 행태가 마음에 들지 않습니다. 결코 동의할 수 없는 부분들이 많습니다.

그렇다면 그 사람들이 완전히 엉망이고 우리 삶을 통째로 부정하는 집단인가? 단언컨대 그렇지는 않습니다. 부정할 수만은 없는 역사와 인정해야 할 가치와 세력을 갖고 있습니다. 그래서 필요하면 논쟁도

하고, 화합도 할 수 있는 것이 정치의 과정이라고 봅니다. 나는 그렇게 생각합니다. 그런데 우린 그런 풍토가 익숙하지 않습니다.

'상생'과 '공존'의 정치는 나의 일관된 철학이고 요구입니다. 혹자는 "저 사람이 대구에서 표 좀 얻겠다고 별짓을 다하는구나." 이렇게 말씀하는 분들도 있습니다. 그러나 의도와 다르게 받아들여진다고 해도 소신을 접을 수는 없습니다. 박정희 대통령과 산업화라는 가치, 김대중 대통령과 민주화라는 가치, 서로 다르지만 현대사가 꼭 필요로 했던 두 인물에 대한 올바른 평가가 이뤄져야 합니다. 탁월했던 업적들도 서로 존중되고 상생해야 합니다. 그것이 대한민국이 분열을 딛고 일어설 수 있는 유일한 길입니다. 나는 혁명을 통해 세상을 바꾸려는 계획은 포기했습니다. 하지만 성숙한 타협과 공존을 통한 대변혁의 길은 얼마든지 열려 있다고 생각합니다.

● **김태훈** 박정희의 가치와 김대중의 가치가 만나야 한다면 우선 두 사람에 대한 지지자들만의 논리가 아닌 새로운 평가와 해석이 필요합니다. 박정희는 어떻게 평가되어야 하고 김대중은 어떻게 평가되어야 합니까?

◆ **김부겸** 나의 입장은 간단합니다. 박정희 대통령의 경우, 유신독재 이전까지의 성취는 인정합니다. 1961년 쿠데타로 민주정부를 전복시킨 것은 나빴지만 집권 후 보여 준 경제 성장의 업적은 대한민

국이 절대적 가난에서 벗어나는 결정적 초석이 되었습니다. 하지만 1972년 유신 이후는 완전히 독재자로 변질됩니다.

김대중 대통령은 박정희의 안티테제입니다. 민주주의를 회복시킴으로써 대한민국이 후진적 군부 통치에서 벗어나게 한 공로자입니다. 하지만 양김(兩金) 분열이나 1997년 대선을 앞둔 분당(分黨) 등은 씻을 수 없는 오점입니다. 범야권-민주화 진영의 단결을 약화시킴으로써 보수 우위의 정치 구조를 고착화시킨 책임이 있습니다.

● **김태훈**　과거의 사회구성체 논쟁과 학생운동은 체제 자체를 바꾸려고 했던 의도가 강했습니다. 위원장님은 앞서 지금은 현실적인 틀에서 고민해야 한다, 성숙한 타협과 공존을 통한 대변혁의 길을 선택해야 한다고 말씀하셨습니다. 하지만 선명성이 약해지고 계량화되었다는 비판이 있을 수도 있는데……

◆ **김부겸**　현실에 안주하고 고정된 틀을 고집하겠다는 것이 아니라 개입하고 변화시키되, 완전하지는 않지만 주어진 조건들 속에서 문제를 풀어야 한다는 겁니다. 원리주의자, 명분론자들과 계속 부딪히는 것은 나의 운명입니다. 그리고 본질적으로 모든 정치는 개량주의(revisionism)입니다. 개량주의가 싫으면 혁명을 계속해야 합니다. 그러나 정치에 들어온 이상 개량주의, 점진주의를 하겠다고 스스로 선언한 거나 마찬가지입니다. 따라서 정치인이 다른 정치인에게 "너는

개량주의자다, 너는 점진주의자다."라고 비난하는 건 난센스죠.

● **김태훈**　결국 정치라는 행위 속에서 풀어야 할 문제입니다. 앞서 새로운 정치 세력의 필요성이나 대안에 대한 원론적인 입장도 말씀하셨습니다. 한데 그런 고민을 정말 심각하게 해야 할 정도로 야당, 특히 제1야당의 존재감이 희미하다는 건 비극입니다. 요즘 야당과 관련된 뉴스는 계파 싸움이나 분당과 관련된 것들뿐입니다.

지금 야당은 실력으로 정권을 획득해 민주주의를 수호할 의지가 있습니까? 혹시 정권을 잡는 건 언감생심이고 그냥 금배지만 달면 된다고 생각하는 것 아닙니까? 대한민국이 민주공화국이라는 헌법의 가치들이 훼손당하는 사건들이 줄지어 일어났지만 야당은 보이질 않았습니다. 용산 철거민 사태만 해도 그렇습니다. 수도 한복판에서 삶의 위기에 내몰린 사람들이 그런 식으로 죽음을 맞이했는데 야당은 어디에 있었습니까? 국정원 대선 개입은 기정사실이었고, 정보기관에 의해 정당한 권력이 탈취당한, 민주주의 근간을 흔드는 국기문란 사건이었습니다. 그럼에도 야당의 행보는 정말 여유롭고 한가했습니다. 반발이 전혀 없었습니다. 야당의 지도자들이 목청 한번 높이지 않았습니다. 그 다음은…… 뭐 하나하나 지적하자니 끝이 없네요. 비판 세력의 중심이고 권력의 대안인 제1야당이 식물정당인 상황이니 사회적인 분위기, 시스템의 붕괴를 이야기할 여지가 없어진 겁니다. 철학의 부재입니까? 열정은 있고 성실한데 머리가 없어서입니까?

외부에서 말하는 것처럼 계파 다툼으로 개인적 입지에 대한 이기주의가 강하기 때문입니까? 지금 우리가 누리는 이 정도의 제도 민주주의를 쟁취하는 데 야당의 역할과 지분이 없었다고는 말 못 합니다. 한때 그런 자산을 바탕으로 정권을 잡았고 다수당이 되기도 했습니다. 하지만 지금은, 그냥 지리멸렬할 뿐입니다. 이래서 신뢰를 회복할 수 있겠습니까?

◆**김부겸** 비판을 인정합니다. 우리 사회에 주어진 과제들과 그 과제를 해결하기 위한 야당의 책무를 다하기에 전략과 실천 모두 함량 미달이라는 지적에 변명의 여지가 없어요. 솔직히 현재 야당 정치인, 야당의 국회의원들 중에는 제도적 혜택에 무임승차한 경우가 많습니다. 야당을 하기 위해 정치를 하는 사람들도 있다는 비판이 허투루 들리지는 않습니다.

우선은 환골탈태하겠다는 반성과 변화가 있어야 하는데 이를 강제할 방법이 없어요. 선거를 통한 물갈이를 이야기하지만 그 사람들을 쫓아내도 오히려 질이 더 나쁜 강자들이 틈을 노려 들어오는 경우도 있었습니다. 근원적인 문제 제기도 못하는 것이 비겁함 때문인가 혹은 정말로 신념의 부재인가? 아니면 철학 자체가 없어서인가? 애초부터 기대할 정도의 역량이 안 되는가? 이런 것들이 복합적으로 얽히다 보니 이런 국가적 위기 속에서도 제1야당의 지지율이 집권당의 반 정도밖에 안 되는 것입니다.

특히 '왜 정치를 하는가?'라는 아주 기초적이지만 근원에 대한 질문이 부족합니다. 누구의 위임을 받아서 이 자리에 서 있는지에 대한 이해도 높지 않습니다. '절박함'이라는 표현을 자주 쓰는데, 야당에 대해 회초리를 치는 방법을 국민들이 얼마나 고민했겠습니까. 그런 모습의 일단이 최근에 호남에서 이정현의 당선으로 나타났고 천정배의 당선으로 나타났습니다. 이렇게 회초리를 맞아 놓고 국민들이 회초리를 왜 쳤는지 모르겠다고 딴청을 부리고 있으니 국민들의 화가 뻗치는 것이지요. 내가 지금보다 조금 더 젊어 혈기왕성했다면 뭔가 새로운 정치를 해야겠다고 주장하고 행동에 옮겼을지 모르겠습니다. 그러나 이미 두어 번 실패했고 그러다 보니 솔직히 조심스러운 게 사실입니다.

과거 '절차적 민주주의'를 완성할 때는 처절할 정도로 자기 몸을 던져 싸웠는데 지금 국민들은 그 단계를 떠나서 실질적으로 우리 삶에 행복을 줄 수 있는 '실질적 민주주의'를 원합니다. 그런데 야당은 그런 요구에 대응하는 구체적인 프로그램과 프로세스가 부족합니다. 준비가 부족했고 공부를 게을리 했습니다. 그럼 정치를 하지 말아야 합니다. 자신이 없으면, 그걸 감당할 수 있는 사람에게 맡기면 되는데 욕심은 많아서 기득권을 놓기 싫은 그런 초라한 모습이 되어 버린 겁니다.

그렇다고 공이 전혀 없는 게 아닌 사람들에게 당신들만 잘했으면 세상이 확 바뀌었을 텐데, 왜 엉망이냐고 모든 책임을 뒤집어씌울 수는 없지 않겠습니까? 도둑놈을 못 잡았다고 경찰을 대신 감옥 보낼 순 없는 것이지요.

노무현을 잇는 지도자가 나타나든가,
노무현과는 또 다른 매력을 가진
지도자가 나타나든가,
이게 해결 안 되면 새정치민주연합의
지리멸렬이 생각보다 오래 갈 수 있습니다.

● **김태훈** 국민들이 회초리는 들되 기대는 접지 말아 달라는 뜻으로 들립니다. 그럼 "야당은 꼭 필요합니다."라고 말할 수 있으려면 야당은 어떻게 개조되어야 합니까? 혁신위원회가 제시한 혁신안이 우여곡절 끝에 당 중앙위원회에서 통과되었지만 분란은 오히려 증폭되고 있으며 제대로 실천될지 의심스럽습니다. 분당이 변수가 아니라 상수라는 이야기도 들립니다. 친노는 어떤 존재들이고 비노는 누구입니까? 이런 문제들이 현재 새정치민주연합 내에서 정권을 획득하고 정치철학을 실현하는 것보다 더 중요한 문제입니까?

◆ **김부겸** 질문하신 내용은 무척 예민한 문제인데요, 하나씩 답변을

드리겠습니다.

첫째, 야당은 어떻게 개조되어야 하느냐? 방향은 분명합니다. 야당은 집권 가능한 대안 정당(부)으로 바뀌어야 합니다. 대안 정당(부)은 선명 야당에 대립되는 개념입니다. 영어로는 'Alternative Government'이고 선명 야당은 'Opposition Party'라고 표기합니다. 영어로 하면 금방 이해할 수 있죠. 사실 이 두 가지는 야당에게 부여된 각각의 임무입니다. 둘 다 잘해야 하는데 이게 왜 대립되는 개념이 되었을까요? 여기에 현재 야당의 고민이 있습니다. 내가 보기에 지금 야당은 선명 야당만 하고 있습니다. 그마저도 제대로 못하고 있다는 비판도 있지만…….

선명 야당론은 대통령과 여당을 상대로 투쟁하는 게 야당 본연의 임무라고 생각합니다. 그래서 여당과 협상을 통해 뭔가 합의하는 걸 달가워하지 않습니다. 합의의 반대급부가 있다면 몰라도 말입니다. 그리고 고정 지지층, 소위 집토끼를 의식해 발언하고 정치적 노선을 결정합니다.

반면에 대안 정당(부)론은 국민들에게 집권 능력을 인정받는 게 야당의 궁극적 목표라고 봅니다. 그래서 여러 정책들을 선제적으로 제시하면서 대안을 내놓는 걸 중시합니다. 여당과의 타협을 주저하지 않습니다. 그리고 부동층과 기권층, 즉 산토끼들을 불러들이기 위해서 온건하고 합리적인 언어를 구사합니다. 이렇게 아주 대조적입니다. 그래서 두 노선을 동시에 실행하는 건 사실상 어렵거나 불가능합니다. 시기에 따라 적절히 나누어 구사하는 것이 중요하지요. 이를테면 평상시에는 선명 야당의 이미지를 강화한다면 선거 국면에서는 대안 정당(부) 노선으로 옮기는 겁니다. 그런데 지금 야당은 노선에 대한 소모적인 논쟁만 하고 있다 보니, 도무지 결론이 안 나는 겁니다. 선명 야당론자는 상대를 정체성이 약하다고 공격합니다. 반대로 대안 정당(부)론자는 상대가 아직도 운동권 습성에서 벗어나지 못했다고 힐난합니다.

나는 분명히 대안 정당(부)론자입니다. 시기별로 노선을 구사하는 것도 중요하지만, 지금 새정치민주연합은 대안을 제시하는 정책 능력을 획기적으로 재고해야 합니다. 국민이 먹고사는 문제를 더 열정적으로 고민하고, 해결 논리를 개발해야 합니다.

둘째, 친노, 비노는 도대체 누굴 말하는 거냐? 이게 사실 애매합니다. 소위 친노 측에서는 아예 "친노는 실체가 없다. 계파가 아니다. 괜히 우리 당을 이간질하고 분열시키기 위한 보수언론의 프레임이다." 이렇게도 말합니다.

그러나 정치에서 계파는 매우 자연스러운 집합입니다. 여당이나 야당이나 마찬가지입니다. 저기엔 친이, 친박이 있고 여기엔 친노, 비노가 있습니다. 그럼 왜 어디나 다 마찬가지일까요? 원시 사회에서 사냥하던 모습을 연상하면 됩니다. 혼자 사냥에 나서는 것보다 무리를 지어 사냥하는 게 훨씬 효율적이지요. 이렇게 정치를 하는 이들이 무리를 지어서 개인의 목표를 우리의 목표로 만들어 달성하려는 일종의 본능입니다. 그래서 나는 계파의 존재 자체가 비난의 대상이 될 수는 없다고 봅니다.

그럼 자연스러운 것이니 문제가 없느냐? 있습니다. 문제는 두 가지입니다. 당원들의 입장에서 보는 문제가 있고, 일반 국민의 정서에서 보는 문제가 있습니다.

당원들에게 친노가 인기 없는 이유는 본선에서 자꾸 패하기 때문입니다. 이들은 당 대표나 대선 후보 경선에서는 이깁니다. 이해찬, 한명숙, 문재인 다 이겼습니다. 예선은 석권하는데, 정작 본선인 총선, 대선에서 연거푸 지는 겁니다. 그러다 보니 친노는 당권 잡아서 공천권 확보하는 데만 열심이지 정권을 되찾는 데는 뭔가 역부족이라는 질타의 대상이 되었습니다. 새누리당 후보에게 판판이 깨지는 친노가 못 미덥고 싫은 것이지요.

국민들이 볼 때는 이런 것 같습니다. 국민들은 친노가 당권을 잡든, 비노가 당권을 잡든 그 자체에는 별 관심이 없습니다. 중요한 건 우리를 위해 뭘 얼마나 해 줄 것인가, 하는 겁니다. 야당이 앞장서서 좋은 법 만들고, 좋은 정책과 제도를 실현시켜 달라는 기대와 요구를 합니다. 그런데 그런 노력은 잘 안 보이고, 허구한 날 자기들끼리 친노니, 비노니 갈라져 치고받고 싸운단 말입니다. 그래서 국민의 삶에 정작 기여하는 바가 없다고 느낀 나머지 계파 싸움에 눈살을 찌푸리는 게 아닐까 싶습니다.

솔직히 친노는 친노대로 좀 억울할 겁니다. "총선과 대선에서 질 때마다 우리가 2선으로 후퇴하지 않았느냐, 그럼 책임진 거지 뭘 더 이상 어떻게 하라는 거냐!" 한마디로 울고 싶은 거죠. 국민들의 먹고 사는 문제에 정책 역량을 투입하고 혼신의 노력을 해도 집행 수단이 없는 야당의 한계는 분명합니다. 다수당인 여당이 반대하면 아무것도 안 됩니다. 그렇게 하소연하고도 싶을 겁니다. 그러나 정치를 한다는 건, 국회의원이라는 신분과 지위를 갖는다는 건 무언가를 산출해서 국민에게 드리지 않으면 무조건 욕먹을 수밖에 없습니다. 신분과 지위가 높을수록 그 책임이 더 커지는 건 당연하지요. 친노 내지 계파 문제를 바라보는 기본 관점은 이렇게 정리할 수 있습니다.

그럼 이들 계파는 자기 논리에만 매몰돼 오로지 자기들 잘 먹고 잘 사는 싸움질에만 골몰해 있느냐? 나도 잘 모르겠습니다. 잘 모르지만, 그래도 그렇지는 않을 거라 생각합니다. 아마 의도의 문제가 아니라 능력의 문제일 겁니다.

사실 친노는 광범위한 대중적 지지 기반을 가진 당 내에서는 유일한 계파입니다. '친박'이 개인적 인기가 높은 박근혜 대통령에 기반하고, 박 대통령의 인기는 또 박정희, 육영수라는 그분의 부모님에 대한 짠한 마음, '아이고 우리 근혜 불쌍테이……' 하는 동정심이라는 정서에 깊이 뿌리를 내리고 있는 것과 같습니다. 친노도 돌아가신 노무현 대통령에 대한 아련하고 미안하고 울컥하는 감정을 가진, 나를 포함한 숱한 이들의 정서적 공감대에 기초해 있습니다. 그런 기반이 있기 때문에 노무현 대통령의 비서실장이었던 문재인을 대선 후보로 낼 수 있었고, 참여정부 총리를 지냈던 이해찬, 한명숙을 당 대표로 만들 수 있었습니다.

거기까지는 좋은데 문제는 선거에서 이기지 못하는 겁니다. 아까 말씀드렸듯이 당권은 친노에 속한 국회의원들에게는 좋은 겁니다. 그런데 자기들만 좋습니다. 선거에서 이겨 야권 지지층이 소망하는 나라를 만드는 데는 실패하다 보니 불편한 말이나 감정들이 쏟아지지 않을 수 없습니다. 친노가 패권을 쥐고 있는 한, 문재인 대표로는 선거에서 이기지 못한다는 불신의 뿌리는 이렇게 시작되었습니다.

사실 '비노'라는 계파는 없습니다. 친노 외의 여집합을 그냥 비노, 반노라고 언론에서 지칭하는 겁니다. 하나의 정치 조직으로 부를 수 있으려면 지도자가 있고, 구성원이 있어 통일된 움직임을 보여야 하는데 비노는 구심점이 될 지도자가 없습니다. 지도자가 없는 계파는 솔직히 계파로서의 틀이나 정체성을 유지하기 어렵습니다. 굳이 부르자면 '친노' 대 '비친노'라고 하는 게 맞겠지요. 그런 의미에서 분명히 비친노가 있는 건 사실입니다. 이들은 친노가 패권주의적이라고 비판합니다. 노무현 대통령의 정치적, 도덕적 권위에 기대 자신들의 정치적 이득을 취한다고 봅니다. 그럼 왜 이렇게까지 되었을까요?

김대중 대통령이 물러난 후 참여정부 시절에 친DJ계랄지, 신동교동계라는 말이 있었습니까? 없었습니다. 호남이라는 강력한 지역 기반을 갖고 있었지만 강력한 계파는 따로 형성하지 못했습니다. 그런데 왜 노무현 대통령 이후에는 친노라는 계파가 논란이 되었을까요?

그건 노무현의 정신을 여전히 지지하고 그 이름 밑에 결집하는 사회적 기반, 즉 조직과 사람들이 있기 때문입니다.

그들은 일정한 정치적 성향을 공유합니다. 개혁적이고, 행동주의적이고, 반권위적입니다. 아마 1990년대 학생·사회운동의 동력이 되었던 이들일 겁니다. 지역적으로는 수도권, 그리고 세대로는 50대 초반 이하 40대, 학력은 비교적 높다고 봐야겠지요. 이들이 가졌던 타는 목마름이 2000년대 초반에 노무현이라는 상징이자 구심점을 만난 겁니다. 뒤집어 말하면 이렇습니다. 아직도 많은 사람들이 친노 주변에 결집되어 있다는 건 노무현에 대한 갈증이자 노무현을 뛰어넘는 새로운 인물에 대한 기대심리 때문입니다. 하지만 없습니다. 문재인, 유시민, 정청래, 정봉주…… 또는 그런 흐름과 결을 달리 하는 손학규, 안철수 다 봤지만 노무현만큼은 아니더라는 실망이 큽니다. 그래서 마음이 복잡합니다.

이렇게 친노는 가치나 철학에 기반을 둔 하나의 집합으로 보는 게 옳습니다. 그런데 언제부턴가 가치 철학은 사라지고 자신들의 정치적 이익 추구에만 급급한 모습을 보이는 게 아닌가 하는 의구심과 비판에 직면해 있습니다. 입장이 다른 세력에 대해 지나치게 배타적이라는 지적에서도 자유로울 수 없습니다.

노무현을 잇는 지도자가 나타나든가, 노무현과는 또 다른 매력을 가진 지도자가 나타나든가 해야 합니다. 이게 해결되지 않으면 새정치민주연합의 지리멸렬이 생각보다 오래 갈 수 있습니다.

3
살아남은
자의
책임 의식

꿈을 접고 응어리를 풀지 못한 시대와

그 시대를 살았던 사람들에 대한 부채 의식이

가슴 한가운데 묵직한 돌덩어리로 남아 있습니다.

그렇게 남은 삶에 대한 어떤 책임,

그러니까 '살아남은 자의 책임'이

나를 움직이게 한 겁니다.

§

● **김태훈** 결국 친노든 비노든 모두 노무현이라는 프레임에 갇혀 있다는 생각이 듭니다. 그런데 노무현도 중요하지만 이 자리의 주인공은 김부겸입니다. (웃음) 정작 '정치인 김부겸'에 관한 이야기를 나누지 못했습니다.

'김부겸'이라는 이름 앞에는 여러 수식어들이 붙습니다. 그중에서 가장 인상적인 것이 '경계인'이라는 표현입니다. 여당과 야당을 다 경험했지만 어느 쪽에서도 적통으로 인정받지 못한 이름입니다. 중간 경계선에 존재하는 사람, 그래서 극단적인 적도 없지만 열렬한 지지자와 후원 세력이 없는 정치인이라는 겁니다. 계보를 따라 정치를 한 것이 아니라 스스로 길을 만들어야 했던 정치인에게는 숙명일 수밖에 없다는 생각이 듭니다. 그래서 아주 노골적으로 묻겠습니다. 경계인 김부겸에게 정치란 무엇입니까?

◆ **김부겸** 먼저 '경계인'이라는 멋진 이름 감사합니다. (웃음) 좋은 의미든 나쁜 의미든, 나는 이른바 힘 있는 주류에 속해 내 사고를 맞춰가는 것은 체질에 맞지 않았습니다. 우리 세대가 체계적인 변혁이론을 달달 외우는 식의 공부를 하지는 못했습니다. 그러나 박정희 대통

령 시절부터 권위주의에 맞서 나름대로 저항하고 싸우면서 통속적인 권위에 쉽게 복종하지 않는 힘은 갖게 되었습니다. 비판적인 근육이 체질화되었다고 할까요. 정치인도 출세하려면 힘센 진영에 줄을 대고 맹목적으로 따라야 살아남는데 그게 쉽지 않았습니다. 최근 정치 드라마 〈어셈블리〉에도 그런 장면들이 나오더군요.

진영이라기보다는 영혼을 걸고 싶을 만큼 강렬했던 사람은 있었지요. 고인이 되신 노무현 대통령 같은 분입니다. 이분은 뭔가 확실히 다른 영혼의 소유자예요. 정치인은 두 부류가 있습니다. 차근차근 영향력을 확대하고 지위를 쌓아서 마침내 계획된 지점에서 목소리를 내는 사람이 있는가 하면, 처음부터 자기 목소리를 뱉어 내는 사람도 있습니다. 나는 목소리가 크지는 않았지만 후자의 길을 택했어요. 결과적으로 어느 진영에서도 환영받지 못했으니 특정 진영의 충성스러운 멤버가 되는 건 처음부터 불가능한 일이었는지도 모릅니다. 결코 내가 원한 설정은 아닙니다. 하지만 그런 과정들이 하나하나 쌓이다 보니 어느 순간 내 포지션이 결정되어 버렸어요.

이렇게 말하고 싶어요. 정치란 '서로 다른 사람들이 함께 살 수 있도록 넉넉한 기회를 만들어 주는 것'이라고 말입니다. 당연히 그런 정치를 하고 싶습니다. 우리가 사는 세상은 분명 강자와 약자가 구분되는 곳이고 높고 낮은 계층도 존재합니다. 싫다고 부정할 수는 없지요. 그런데 그런 구분과 차이 가운데서도 각자의 몫은 분명 존재합니다. 사회 변혁을 위한 거창한 담론을 생성하거나 캠페인의 주체는 아니어도 함께 어우러져 살 수 있는 그런 세상을 만드는 데 작은 힘이라도 보탤 수 있지 않을까, 그런 생각을 갖고 지금까지 정치를 해 왔습니다.

내 마음속의 정치와 현실의 정치는 분명 괴리가 있어요. 숱한 갈등과 싸우면서 특정 진영에 속하지 않다 보니 어떤 경우에는 여기저기서 뜨거운 러브콜도 받지만 전리품을 나눠야 할 때는 이교도처럼 철저히 배척당하는 아픔을 겪기도 했습니다.

● **김태훈** 아주 멋진 답변을 주셨습니다만, 어떻게 보면 변명일 수도 있지 않습니까? 정당의 존립 목적이 정권을 획득하는 것이라면 정치인의 존재 이유도 권력이라는 힘을 얻는 겁니다. 아무리 선하게 생각한다고 해도 권력을 떠난 정치를 생각하는 건 뭔가 심심합니다. 결과적으로 위원장님은 현재 여의도 정치인이 아닙니다. 힘없는 정치인이라는 거죠. 솔직히 자존심 상하지는 않나요?

◆ **김부겸** 정치인의 책무가 단지 '여의도 금배지'에 따라 좌우되는 것은 아닙니다. 내가 대학교 다닐 때 소위 '운동권'은 제도 정치권과는 전혀 다른 길이었어요. 운동권의 길을 택한다는 것은 기존의 익숙한 틀과 관념으로는 쉽게 판단할 수 없는 영역이었지요. 솔직히 한때는 박정희라는 사람이 영구 집권할 줄 알았습니다. 그런 상황에서 전망이 불투명한 운동권의 삶을 택한다는 것은 정상 수준 이상의 담대함

과 결단이 필요했습니다. 그래도 뭔가 하지 않을 수 없었지요.

한완상 선생이 쓰신 《민중과 지식인》이란 책에도 나와 있지만 '지식인의 임무는 민중의 목소리를 대신해 주는 것'입니다. 그 당시에는 '시대정신'이라는 용어를 함부로 쓰지는 못했지만, "너희가 외치지 않으면 광야의 돌들이 외치게 하리라."라는 성서의 구절처럼 그런 의무감, 우리가 하지 않으면 누가 하겠느냐는 책임감, 그런 것들이 복합적으로 얽혔던 것 같아요. 당시에도 제도권 정치라는 것은 무언가 어색한 것, 위장된 것, 아무튼 부족한 것, 이런 이미지가 강했습니다.

그럼에도 정치권 진입을 고민하게 된 것은 1987년의 경험과 좌절 때문입니다. 소위 양김의 분열 등으로 6월 항쟁의 성과들이 하루아침에 좌절되는 것을 겪었습니다. 그때 받은 충격은 정말 큰 것이었습니다. 그래서 이것은 아니다, 직접 해 보자, 하며 나섰던 것이지요. 하지만 결코 호락호락하지 않더군요. 결국 많은 이들이 이탈해 자기 삶의 자리로 돌아갔고 모질게 무딘 놈만 남아서 여기까지 왔습니다.

● 김태훈 경계인이라는 호칭 속에는 다소 불분명한 정치 이력, 그러니까 시작부터 여당과 야당을 넘나들었던 '정체성'에 대한 물음도 포함되어 있습니다. 정치적 소신에 따른 것이라 하기에는 여전히 물음표를 던질 수밖에 없는 문제들입니다. 정치를 하시는 동안에는 이 물음에서 결코 자유로울 수 없다는 생각이 듭니다.

◆ **김부겸** (웃음) 어떻게 이야기를 풀어 가는 게 좋을까요? 1988년이 었습니다. '한겨레민주당' 간판을 달고 서울 동작에서 처음 출마했었 어요. 당시에는 선거가 뭔지도 몰랐지요. 그냥 학생운동의 연장선에 서 생각하며 구호 외치고, 유인물 뿌리고, 그렇게 선거운동을 했었습 니다. 유권자들에게 살갑게 다가가는 선거가 아니었지요. 그냥 내 가 슴에 담아 두었던 이야기를 막 퍼붓는 식이었습니다. 표가 나올 리 없었고 정치적 유산도 남기지 못한 잔인한 패배를 했습니다.

1992년 대통령 선거에서 김대중 후보가 김영삼 후보한테 졌습니다. 곧바로 정계 은퇴를 선언하고 영국으로 갔다가 1995년에 돌아와 정 계 복귀를 했습니다. 야당인 민주당이 서울시장 선거에서 승리했는 데, 소통령으로 불리는 서울시장 선거에서 이겼으니 대단한 사건이 었지요. 야당이 좀 더 잘하면 정권을 쟁취할 수 있겠다는 신호가 감 지되었습니다. 희망이 넘쳤어요.

그런데 선거가 끝나고 채 한 달도 안 돼서 김대중 총재가 당을 가르 겠다고 선언했습니다. DJ 입장에선 자신의 대권 행보에 통합민주당 은 도움이 안 된다고 판단한 것이지요. 그렇게 멀쩡했던 당이 갑자기 깨졌고 김대중 총재를 따라간 사람들은 새정치국민회의를, 남아 있 던 사람들은 그대로 민주당 간판을 지켰습니다.

지금 생각해도 억장이 무너지는 일이었어요. 김대중 총재가 야당의 최대 주주였던 것은 맞습니다. 그러나 최대 주주라는 이유로 멀쩡한 조직을 깨고 의원들을 빼가고 당을 새로 만들자는 것에 흔쾌히 동의하기는 어려웠습니다. 그때 우리들의 리더는 김원기, 노무현, 제정구, 김정길, 유인태, 원혜영, 이철, 박석무 등등 한 분 한 분 면면을 따지면 쟁쟁했어요. 결코 만만하지 않았습니다.

당을 깨자고 했을 때 김대중 총재를 만난 제정구 의원이 이런 이야기를 했었습니다. "내가 정치를 할 수 있게 해 준 것도 총재님이고, 배지를 달아 준 사람도 총재님이 맞습니다. 그렇다고 해서 이런 이유 없는 분당에 동참할 수는 없습니다. 의미 없는 재선, 삼선, 국회의원이 되기보다는 차라리 초선으로 장렬히 전사하겠습니다."

그래서 모여 만든 조직이 '국민통합추진회의'였어요. 김대중 총재가 어떻게 이런 일을 벌일 수 있었을까? 특정 지역은 나의 정치적 텃밭이라고 생각하니까 얼마든지 당을 깼다가 붙였다가 한 겁니다. 말이 안 되는 이유였어요. 우리가 기대한 현대적 정당의 모습은 결코 아니었습니다. 국민들이 가수 남진과 나훈아를 두고 전라도 출신이라서 좋아하고 경상도 출신이라서 좋아한 것은 아니지 않습니까? 지역과 관계없이 노래가 좋으면 그 가수를 좋아합니다. 정치도 마찬가지라고 생각했습니다. 참 순진한 외침이었던 거죠.

유랑극단 비슷하게 전국을 돌며 강연도 하고 그랬습니다. 하지만 1996년 국회의원 선거에서 살아남은 사람은 제정구, 이부영뿐이었습니다. 나는 과천 의왕 선거에서 패했지요. 현실은 그렇게 잔인했습니다. 이후 소위 말하는 정치 방학이 길었던 시기가 있었습니다. "아빠는 비디오 칼럼니스트야? 왜 집에만 있어?" 애들 눈에 아버지란 사람이 돈을 벌어 오지도 않고 종일 틀어박혀 텔레비전, 신문이나 보고 있으니 그런 질문을 할 수밖에 없었지요. 집사람도 남편을 쫀다고 되는 일이 아니라는 걸 알고 있었어요. 그런 시기가 있었고 솔직히 무척 어려웠습니다.

1997년 대선 국면에서 '통추'는 결국 김대중 총재가 접수합니다. 지지층 확대를 위해 김종필과 연합했지만 반대로 고정 지지층에 대한 명분과 이미지가 약해졌어요. 보강이 절실했던 겁니다. 김원기, 노무현, 김정길 등이 '정권교체'를 명분으로 따라갔습니다. 김대중 총재 때문에 깨진 당에 뭉쳐 있다가 김대중 총재 때문에 다시 갈라진 겁니다.

힘겹게 남은 사람들은 조순(趙淳) 서울시장을 배경으로 당을 지켰습니다. 조순 시장의 지지율이 한때 20퍼센트까지 나오면서 버틸 힘이 생겼던 거지요. 하지만 이분은 대중을 이끌고 함께 호흡하는 매력은 없었습니다. 어느 날부터 지지율이 떨어지기 시작하더니 한 달쯤 지나니까 16~17퍼센트, 이인제가 15~16퍼센트, 이회창이 24~25퍼센트의 구도로 정착했습니다. 당시 김대중 총재는 26~27퍼센트 정도였습니다. 지지율이 내려가면서 바닥에 이르자 버티지 못하더군요. 아침에는 이인제를 만나고 저녁에는 이회창을 만나고 이런 일을 몇 번 되풀이했어요. 그리고 어느 날 "안 되겠다, 통합하자." 이렇게 된 겁니다. 통합이라는 선택은 좋은데 문제는 그 대상이었습니다. 통합을 한다면 철학이나 가치를 공유하는 세력이거나 아니면 제3지대에서야 분명한 역할을 할 수 있는데, 조순 시장은 이회창 총재의 신한 국당과 통합을 추진했어요. 곧바로 신한국당은 한나라당으로 개명 하지요. 그때 정치에 환멸을 느끼고 떠나신 분이 얼마 전에 돌아가신 성유보 전 한겨레신문 편집위원장, 이삼열 전 유네스코 한국 사무총 장 이런 분들이었습니다.

단순하지 않았습니다. 또 다른 비극이 시작된 이유가 되었지요. 경쟁 자였던 신한국당과 동거를 하게 되었습니다. 그것 때문에 비판도 많 이 받았지요. 하지만 지금도 그때 가졌던 고민에 대해서는 선택의 여 지가 없었다고 생각합니다. '그렇게 무자비하게 당을 깨는데 따라가 는 것이 옳았는가?' 시간이 지나 김종필과 합치면서 왼쪽 세력이 부 족해 우리 사람들을 데려갔는데 '그럼 못이기는 척하며 김대중 총재 에게 갔어야 했는가?' 물론 정치란 유동적인 생물이니 상황에 따라 판단과 결정이 다를 수 있습니다. 하지만 납득이 안 됐어요. 당을 만 들었다가 계산이 틀리면 깼다가 또 붙였다가, 적어도 그건 아니라고 생각했습니다.

그런 상황들이 많은 상처로 남았습니다. 지역 구도를 배경으로 하는 정치를 하니까 정상적인 판단이 불가능했습니다. 보스들의 필요에 따라 붙었다 깨졌다를 반복할 뿐이었지요. 그렇게 운명처럼 한나라 당 창립 멤버가 되었고 거기서 5년간 정치를 했습니다. 제도 정치를 배우는 소중한 기회이기도 했지만, 두고두고 정체성 때문에 시비를 달고 살아야 했으니 내 가슴에 박힌 '주홍글씨'인 셈이죠. 내가 한나라당 출신이어서 누군가는 불편하기도 하겠지만 확고한 신념 하나를 배운 건 있습니다. 정치는 공존이 가능하다, 별로 차이가 없다, 그런 믿음입니다.

많은 사람들이 묻습니다. "김부겸의 정치는 뭐냐?" 지금까지 대단한 것을 남기지는 못했지만 지역과 보스 중심의 편가르기 정치와 맞섰던 20년의 열정을 마무리해야 한다고 생각합니다. 정치적 스승이었던 제정구 의원은 돌아가셨고 노무현은 평생을 싸워 대통령까지 되었지만 결국 완전히 성공하지 못했습니다. 그 다음은 누가 무엇을 해야 할까요? 정치인으로서 마지막 선택의 대답은 여기에 있습니다.

그냥 경기도 군포에 있었으면 국회의원 한두 번 더 할 수 있었을 겁니다. 그러나 정치인 김부겸으로 남길 것은 많지 않았겠지요. 운이 좋았다면 성실한 의정 활동을 한 그럭저럭 괜찮았던 국회의원으로 끝났을 겁니다. 그럴 바에야 아직 열정이 남아 있을 때 한번 해 보자, 그래서 대구로 내려갔어요.

'지역주의' 돌파를 정치 생명 연장을 위한 이벤트로 삼는 게 아니냐는 비아냥거림도 있습니다. 하지만 금배지 다는 걸 연장하는 게 목적이라면 군이 험난한 대구에서 이벤트를 할 필요는 없었습니다. 무엇보다 나를 움직인 것은 '부채의식'입니다. 아무튼 나는 국회의원도 했고 정치인으로 살아남았지만 꿈을 접고 응어리를 풀지 못한 시대와 그 시대를 살았던 사람들에 대한 부채의식이 가슴 한가운데 묵직한 돌덩어리로 남아 있습니다. 그렇게 남은 삶에 대한 어떤 책임, 그러니까 '살아남은 자의 책임'이 나를 움직이게 한 겁니다.

솔직히 대구 유권자들이 불쌍해서 한 30퍼센트 주고 도저히 희망이 없다고 했으면 도망 나왔을 겁니다. 그런데 40퍼센트를 주셨어요. 이제는 도망가면 나쁜 놈이 됩니다. (웃음) 정성을 기울여 보라는 질책이라 믿고 열심히 노력하고 있습니다.

다른 정파를 인정하지 않으면
지역 경제는 죽습니다.
경쟁하는 정파의 대표를 뽑아 줘야 합니다.
이것은 곧 대한민국 공동체에서
거의 소외되다시피 한 이들의
정치적인 목소리를 되찾아 주는
길이기도 합니다.

● **김태훈** 지역과 보스 중심의 편가르기 정치와 맞섰던 20년의 열정을 마무리해야 한다고 하셨습니다. 우리 정치의 가장 큰 '블랙홀'은 역시 지역주의입니다. 사실 한국 사람들의 특징 중 하나가 만나면 고향이 어딘지 묻는 것이죠. 다음으로 학교, 생년월일을 묻고 형, 동생으로 관계 정리를 합니다.

하지만 너무 올드(old)하고 지루한 과제입니다. 대한민국에는 산적한 문제들이 많습니다. 5포세대라고 불리는 청년실업 문제라든지 고령화 문제, 경제적 위기의 문제 등등, 여러 문제들이 있음에도 불구하고 이 문제를 과제로 삼은 이유가 궁금합니다. 무엇보다 안정적으로 의원직을 유지할 수 있었던 군포에서의 기득권을 내려놓고 대구로 갔기 때문입니다. 정치적, 사회적 사안을 해결하기 위해서는 의원직을 유지하고 국회에 남아 있는 것이 유리하지 않았을까 싶습니다. 효율적인 지위를 버릴 만큼 지역주의가 모든 문제의 근원이었다고 생각하신 겁니까?

◆ **김부겸** 지역주의라는 것이 고향을 사랑하는 인간의 본성을 교묘하게 비틀어 악용하고 있기 때문에 더러운 것입니다. 사람은 누구나 태생적 공간에서 자유로울 수 없고 심지어 몸 안의 일부로 공유하고 있습니다. 그래서 고향이 같으면 반은 용서가 됩니다. 이처럼 '지역감정', '지역주의' 등의 지루하고 불편한 표현들이 오래도록 우리 의식을 지배하는 건 잘못된 것이지요. 하지만 불가피한 측면도 있습니다. 단순하게 재단할 수 없는 복잡한 정서가 자리 잡고 있기 때문입니다.

권력이 과도하게 중앙에 집중되어서는 곤란합니다. 누구나 동의하는 문제입니다. 그래서 각 지역이 주민의 권익에 따라 분권과 자치를 강화하자고 하는 겁니다. 그러나 지역주의라는 것은 내 지역 출신이라는 이유로, 이것을 모든 가치 위에 두는 것입니다. 비슷한 것 같지만 전혀 다른 논리입니다. 사회적 정의도, 공평한 부의 분배도, 기회의 보장도, 계급과 계층 간의 문제도 이것 하나로 뭉개져 버립니다. 영악한 정치인들이 이런 상황을 그냥 둘 리 없지요. '우리가 남이가!'를 유행가처럼 써먹고 있습니다. 정치 과정이 뒤틀리고 왜곡될 수밖에 없어요. 보수와 진보의 순수한 이념 대립이라면 왜 타협을 통한 성과물을 내지 못하겠습니까? 이념과 철학으로 포장되었지만 사실은 '우리가 남이가'라는 지역주의에 기초하고 있을 뿐입니다.

이런 이유로 지금의 두 거대 정당은 타협을 통해 결과물을 낼 필요가 없습니다. 왜냐하면 'It's none of my business' 군이 타협을 해서 성과물을 낸들 자신의 정치 성과로 돌아오지 않기 때문입니다. 우리 동네에 유리한 진영만 짜고 그 입맛에 맞는 이야기를 하면 공동체 전체가 어떻게 흘러가든 (물론 대통령이 되거나 당 대표가 되면 좀 다르겠지만) 쉽게 금배지를 달 수(easy going) 있습니다. 그래서 이것을 적나라하게 드러내고 깰 때가 되었다고 판단한 겁니다.

● 김태훈 정치적 지평에서 본다면 진보와 보수라는 이분법보다는 지역과 지역이라는 이분법이 훨씬 더 상위에 있다는 느낌입니다. 대한민국 정치의 그 어떤 논쟁도 결국 마지막에 가서는 '우리가 남이가!'로 휘발되어 버립니다. 출신 지역이 벼슬이 되어 버린 게 대한민국 정치 아닙니까?

◆ **김부겸** 아주 엄습하고 견고합니다. 부끄러우니까 노골적으로 표방하지 않고 우아한 이야기를 하지만 속으로는 이 더러운 암 덩어리를 안고 가는 거지요. 일부 예외가 있긴 했지만 소선거구제가 실시된 지난 30년 동안 이 흐름은 바뀌지 않았습니다. 30년이면 정확히 한 세대입니다. 하루가 다르게 급변하는 전환기에 30년 동안 특정 정당이 특정 지역을 독점했다는 겁니다. 정치, 자원, 기회, 이데올로기 등 거의 모든 것들을 말입니다.

국가 전체의 운명에 대해서 이 사람들은 관심이 없습니다. 솔직히 없어도 아무런 문제가 되지 않습니다. 김대중 정부와 노무현 정부가 남북정상회담까지 하면서 남북문제를 풀려고 했지만 냉소적인 것을 보십시오. 한쪽에서는 대단한 역사적 발자취로 칭송할지 몰라도 반대쪽 동네에서는 "많이 퍼 주고 왔네." 정도밖에 생각하지 않습니다. 기준과 상식이 완전히 안드로메다로 날아가 버리는 거죠.

그래서 다 끝나 버렸습니다. 그 화려했던 성과가 참 허무하게도 말입니다. 정권이 바뀌었어도 이런 성과들이 정상적으로 평가, 계승되고 남북의 관계 개선에 기여했다면 막강한 화력을 보유한 전투 병력을 휴전선에 대치시킨 채 보도문 한 장 합의하려고 저 난리를 치지는 않았을 겁니다.

◆ **김태훈** 지역주의가 발전시킨 유일한 게 있다면 스포츠입니다. 유럽의 축구 리그가 발달할 수 있었던 이유 중 하나도 철저한 지역주의

를 들 수 있습니다. 축구는 서로 전쟁을 하던 도시국가 시절의 역사를 그대로 옮겨 놓은 구도입니다. 유럽 사람들의 이야기를 들어 보니 할아버지 때에도 칼을 들고 옆 동네 사람들과 싸웠다더군요. 그런 기억이 남아 있는 상황에서 직접 칼을 들고 싸울 수는 없으니 지역을 대표하는 축구팀들의 경기로 욕구를 대체했다는 거죠.

◆ 김부겸　그 사람들에게 스포츠는 스포츠일 뿐입니다. 국가를 만들고 난 뒤로는 정치적 이해관계를 지역주의를 통해 풀지는 않았습니다. 물론 전혀 없는 것은 아닙니다. 스코틀랜드와 잉글랜드의 관계를 봐도 그렇고……. 하지만 그것은 한 국가 내의 갈등이 아닙니다. 역사와 민족적 배경까지 다르니 생겨날 수밖에 없는 문제들이죠. 적어도 현대적 국가 건설 이후에는 소모전을 치르지 않았습니다. 농민이면 똑같은 농민이고 소상공인이면 똑같은 소상공인이지 지역적 차별은 없었습니다. 그런데 우리는 그런 지역적 차별이 벌어져도 당연한 것처럼 여깁니다.

이러한 구도는 냉정하게 이야기하면 호남을 포위하는, 호남을 사회적 마이너리티로 만드는 정치적 선택으로 만들어진 겁니다. 김영삼 대통령이 하나회 척결이라든지, 금융실명제 완성이라든지 많은 업적을 남겼지만 도저히 용서할 수 없는 과오도 저질렀지요. 호남을 고립시키는 정치 구도를 만들어서, 소위 '삼당합당(三黨合黨)'의 주동자가 된 것입니다. 그 후부터 대한민국에는 차별적인 영역과 지역이 생겼습니다.

김대중, 노무현 정권은 그 차별에도 불구하고 나머지 지역에서 더 많은 다수를 설득해서 힘겹게 권력을 잡았습니다. 그러나 지금은 그런 노력조차도 부족합니다. 사회적 소수자와 호남이라는 한정된 지역의 지지자만 갖고 있으니 세상의 가치를 바꾼다든지 공동체의 운명을 바꾸는 일을 구체적으로 실현할 힘이 주어지지 않습니다. 이 구도를 깨기 위한 전체적인 싸움을 하면 좋은데 그게 어렵다면 어딘가에서 누군가는 시작해야 합니다. 그래서 내가 하려는 것이지요. 물론 처음은 아닙니다. 노무현이 부산에서 도전했고, 유시민이 대구에서 도전했고…….

● **김태훈** 박정희 대통령 시절부터 경상도를 중심으로 한 지역에서 경제적 혜택을 독점했고 정치적 이슈화를 통해서 배타적인 지역주의를 고착화시킨 것은 맞습니다. 하지만 거꾸로 야당 쪽에서도 지난 수십 년 동안 은근히 혜택을 누려 왔습니다. 최근 새정치민주연합 내에서, 특히 분당과 신당 창당의 필요성을 주장하는 쪽에서 거듭 말하는 '호남정서'라는 것도 계층적 소외에 대한 배려가 아니라 지역 정서 자극이라는 측면이 강합니다. 여당은 고사하고 야당 내에서도 지역주의 타파에 대한 이슈화와 공감을 이끌어내기가 결코 만만치 않을 거라는 생각이 듭니다.

◆ **김부겸** 야당도 상당 부분 지역주의의 혜택을 받았다는 지적은 반박할 수가 없어요. 그런 점에서 이정현 의원의 호남 당선은 무척 다행스러운 일입니다.

● **김태훈** 대의적 입장에서 본다면 지역구도는 깨야 할 과제이지만 국회의원들의 입장에서, 특히 직업 정치인의 본능적 감각으로 판단한다면 먼저 나서서 깰 이유는 없지 않겠습니까? 안전한 텃밭을 굳이 훼손할 필요는 없다고 생각할 수 있습니다.

◆ **김부겸** 대의라는 것이 무엇입니까? 누가 봐도 현재의 구도는 민주공화국이 갖추어야 할 정상적인 공동체의 모습이 아닙니다. 정치가 세금에서 나오는 세비를 받고 국민들 호주머니 턴 후원금으로 정치하면서 이걸 방조하는 것은 분명 사기 행위입니다. 대의가 아니지요. 어찌되었든 이정현이라는 사람이 그 가능성을 열어 주었습니다. 그 다음에는 내가 돌파하고 열어야지요. 그렇게 서로 책임을 갖고 하나씩 하나씩 돌파하면 길이 만들어집니다.

민주주의를 한다는 사람들끼리 노선이 다르다고 빨갱이로 몰아붙이고, 보수꼴통이라 저주하면 그 공동체에 무슨 미래가 있겠습니까. 하다못해 기준이라도 양쪽이 동일해야 같이 세금을 내고 균형 있는 기여를 할 수 있습니다. 전라도와 경상도에서 각자 놀지 말자는 겁니다.

● **김태훈** 외형적인 통증으로 드러나는 이슈들에 집착하는 정치인들은 대중들에게 쉽게 관심을 받을 수 있을 겁니다. 하지만 지역주의 타파 같은 경우는 단순한 통증 치유가 아니라 체질을 완전히 개선해야 하는 일입니다. 당장 뜨거운 관심을 받기에 좋은 메뉴가 아닙니다. 대단한 결단이 필요한 선택이었을 겁니다. 그런데 대구에 내려가 총선과 시장선거를 치렀지만 다 졌습니다. 그래서 배지도 명패도 없는 야인 신세입니다. 두 번의 경험을 통해 얻으신 게 있다면 무엇입니까? 다음 판세를 예측할 수 있습니까?

◆ **김부겸** 패배하면 아프다는 진리를 얻었지요. 다음 판세는 유권자만이 아십니다. (웃음) 지방은 피폐한 상태입니다. 기회, 돈, 사람을 전부 뺏겼으며 지금도 뺏기고 있습니다. 좀 더 직설적으로 표현하자면 지독히 가난해요. 지방에서도 먹고살고 자식 키우고 그런 경제 행위가 이루어져야 합니다. 보수니 진보니 따지고 있는 건 사치예요. 그런 대한민국을 만들기 위해서 당신들 손으로 지역주의를 넘어서자고 호소해야 합니다. 편협한 정치를 당신들 손으로 깨 버려야 내가 살고 지역도 산다고 설득해야 합니다.

지역 맹주에 대한 본능적인 충성심으로 다른 정파를 인정하지 않으면 지역 경제는 죽습니다. 예산이 필요하다면 서로 경쟁적으로 가져올 수 있어야 하고 정책적 반대를 극복해야 합니다. 그러려면 경쟁하는 정파의 대표를 뽑아 주어야 합니다. 이것은 곧 대한민국 공동체에서 거의 소외되다시피 한 이들에게 그들의 정치적 목소리를 되찾아 주는 길이기도 합니다. 내 자식의 문제, 일자리 문제, 지역 발전의 문제, 환경의 문제, 이런 것들이 당신들의 선택에 달려 있다고 호소해야 하는 것이지요.

김문수가 갖고 있는 장점은 무엇인가?
김부겸이 갖고 있는 장점은 무엇인가?
이 둘을 충돌시키는 것이 지금 어떤 의미가 있고
어떤 정치적 영향을 갖는 것일까?

● **김태훈** 완전히 확정된 건 아닙니다만 여당에서는 차기 대선 후보 감으로까지 거론되는, 김문수 전 도지사가 대구 수성구 도전 의사를 던졌습니다. 빅 매치가 가능할까요? 행위로서의 정치도 있지만 결과로서의 정치란 것도 분명히 있는데……. 유승민 의원 사태로 새누리당 내에서는 TK 물갈이론도 들립니다. 최근 박근혜 대통령의 대구 방문에서는 지역 의원들이 동행하지 못하는 사태까지 벌어졌습니다. 경고의 메시지라는 해석이 유력합니다.

◆ **김부겸** 김문수 전 도지사와 일전을 겨뤄야 한다면 다른 후보에 비

해서 부담이 많은 것은 사실입니다. 그러나 어차피 대구에서 나에게 쉬운 상대는 없습니다. 후보가 약하면 후보 뒤에 있는 당, 당의 배경인 대통령이 차례로 압박할 테니까요. 아마 당 대 당 싸움으로 몰고 가려 할 겁니다. 물론 나는 그 이슈에 끌려가지 않겠지만요. 나는 대구에서 지독히 인기 없는 당, 불신을 받고 있는 당을 간판으로 걸고 뛰어야 하는데 어쩔 수 없습니다.

그래서 누구든 거물이 내려온다면 차라리 낫다는 생각도 합니다. 외적인 요인보다는 본질적인 과제, 후보가 가진 콘텐츠나 정책이 좀 더 많은 영향력을 발휘할 것으로 생각합니다. 집중하고 공부해야겠지요. 부지런히, 열심히 그리고 친밀감을 갖고 하는 것은 기본입니다. 상대편이 던질 돌직구를 받아칠 정도의 준비는 언제든 되어 있습니다.

● **김태훈**　관전자 입장에서는 굉장히 흥미로운 '빅카드'입니다. 위원장님에게도 큰 기회가 될 수 있다고 봅니다. 결과 이전에 가장 많은 사람들이 주목하는 대결에서 가장 많은 이야기를 끄집어낼 수 있다는 것은 특별한 기회가 될 수 있다고 생각합니다. 은근히 김문수 전 도지사와의 대결을 원하신다는 소문도 있습니다.

◆ **김부겸**　그렇습니까? (웃음) 대구 시민들에게 진실한 목소리를 들려줄 수 있는 좋은 기회라고 생각합니다. 그리고 김문수 전 도지사와는 개인적으로 오래된 인간적 관계가 있습니다. 거의 45년에 걸친······.

고등학교 1학년 때 서울대학교 상대 제적생이었던 그를 만났으니까요. 정말 오랜 인연입니다. 선거라는 게 어쩔 수 없이 치사한 장면을 많이 연출할 수밖에 없어서 좀 걸려요. 그런 정도이지 나머지는 좋은 사이입니다. 정치하는 사람 입장에서 판이 커지고 국민의 주목을 받는다면 마다할 수 없지요.

●**김태훈** 다 그런 것은 아니겠지만, 선거와 관련된 몇몇 기사들을 보면 정치의 내용을 가진 상업 기사 수준입니다. 김부겸의 생존 귀환 여부나 김문수와의 결전 등이 모두 '무협지'에서 그려지는 정도로 처리되고 있습니다. 가치나 철학 따위는 한 줄도 없어요. 그냥 흥밋거리 그 이상은 아니라는 겁니다.

◆**김부겸** 정치 로직을 이해 못하면 힘듭니다. 이상형(ideal type)으로서의 정치, 당위로서의 정치, 현실의 정치, 대한민국이라는 구체적인 공간 내에서의 정치, 이런 걸 어느 정도 알고 있어야 하는데 학자들과 이야기를 나누면 자꾸 이상주의로 흘러갑니다. 기자들하고 이야기 나눌 때면 그냥 뒷이야기만 하자고 하니 그 역시 문제가 많습니다. 도대체 정치판에서 벌어지고 있는 싸움이라는 게 어떤 의미가 있는지에 대해서 한번 제대로 고민해 봤느냐고 묻고 싶어요. 김문수 전 도지사가 대통령이 되겠다는데, 그래서 먼저 대구에서 국회의원 출마를 한다는데, 그럼 그 사람의 정치적 의지는 무엇인가요? 김부겸

이 내세우는 정치적 의지와는 무엇이 어떻게 충돌하나요? 이런 것을 고민하고 질문해야지요. 그냥 일종의 연예기사처럼 흥밋거리로 처리합니다. '메이웨더와 파퀴아오가 붙는데 누가 이길까'라는 궁금증과 본질적으로 다를 것이 무엇이겠습니까?

관심은 좋은 거지만 그런 수준의 관심이라면 감사하지 않습니다. 김문수가 갖고 있는 장점은 무엇인가? 김부겸이 갖고 있는 장점은 무엇인가? 이 둘을 충돌시키는 것이 지금 어떤 의미가 있고 어떤 정치적 영향과 파급이 생길까? 이런 고민을 갖고 질문한다면 나는 밤을 새서라도 이야기할 용의가 있어요. 그런데 그냥 "누가 이길 것 같아요?" 이렇게 물어보니 뭐라고 대답해야 할지…….

● **김태훈** 두 사람의 정치적 지향점과 철학에 대해서는 이야기하지 않고 지금 당장 얻을 수 있는 표가 몇 개인가에만 관심이 있어서겠지요. 사실 이건 나중에 결과를 보면 됩니다. 시간이 지나면 알고 싶지 않아도 알게 되는 것입니다. 미국에서도 미디어를 결국 언론으로 보지 않더군요. 지능적인 상업 행위가 아니냐는 겁니다.

◆ **김부겸** 그렇습니다. 결과가 중요하다면 경마 중계하듯 개표 시황을 보면 되지요. 미디어 쪽은 이른바 고급 인력이 투입되는 분야 아닌가요? 다른 산업은 점점 인간과 기계가 공생 협력해야 할 테고요. 그런데 인재 중심으로 운영되는 언론이 단순반복적인 흥미 유발에 몰두

하고, 경마 중계에 열중한다면 가치를 저하시키는 거지요.

● **김태훈** 그럼에도 선거는 게임이고 승부를 가려야만 하는 것입니다. 개인적인 친분은 대폿집에서 소주잔 기울이며 풀 문제입니다. 결정적으로 김문수 전 도지사와 김부겸이 다른 것은 무엇입니까? 대구 수성구는 어떤 차이를 기준으로 지역의 대표선수를 선발해야 합니까?

◆ **김부겸** 지금 김문수 전 도지사는 대구 시민 내지 수성(갑) 주민들을 일종의 시험에 들게 하고 있습니다. 성서를 예로 들어서 좀 무엇하지만, 예수가 광야에 나가서 악마에게서 받은 유혹 중 마지막 유혹은 이렇습니다. 세상의 모든 나라와 그 화려한 모습을 보여 주면서 "나한테 절을 하면 이 모든 걸 주겠다."라고 합니다. 절대 권력을 주겠다는 이야기입니다.

예수는 이제 수성(갑) 주민들입니다. 김문수 전 지사는 지금 수성(갑) 주민들을 이렇게 유혹하고 있습니다. "나는 대선 주자다. 그것도 여러분이 지지하는 새누리당의 주자다. 여러분이 나를 국회의원으로 뽑아 주면 후년에 대통령이 될 수 있다. 대통령이라는 권력을 가지면 그 혜택을 여러분도 누리게 될 것이다. 자, 어떤가?" 정말 강력한 유혹이죠. 하지만 유혹은 허상이고 껍데기뿐인 설탕입니다. 우선은 달콤하고 멋지게 느껴지지만 결국은 영혼과 몸을 망치게 합니다.

반면에 나는 "국회의원 4선을 포기하고 왔습니다. 대구도 이제 변화가 필요합니다. 한국 정치의 고질인 지역주의도 해소되어야 합니다. 그래야 경쟁 속에 발전이 됩니다."라고 호소합니다. 그렇게 김 전 지사는 자신의 권력 추구 과정에서 대구가 필요해서 왔고, 나는 지역주의라는 굴레에 갇혀 어떤 변화도 발전도 없는 대구를 한번 바꿔 보자 해서 왔다는 게 가장 다른 점입니다.

대구 시민들이 현명하게 판단하시리라 믿습니다. 왜냐하면 대구 달성군을 보면 됩니다. 달성군은 박근혜 대통령의 지역구입니다. 대통령이 나온다고 지역 발전이 되던 시대는 이제 지났습니다. 그리고 좀 미안한 말이지만 김문수 전 지사는 대구를 대표할 자격이 부족합니다. 내려온 지 얼마나 되었다고 지역을 대표합니까? 그리고 새누리당 대통령 후보가 될지도 미지수입니다. 유승민 의원보다 여론조사 지지율이 낮더군요. 유승민 의원은 대구에서 3선이나 했고, 지지율도 더 높습니다. 차라리 그분이 대구를 대표하는 대선 후보감이죠. 아마 이렇게 될 줄 모르고 내려왔을 텐데, 세상 일이 그렇게 자기 계산대로 다 되는 게 아닐 겁니다.

● **김태훈** 　명분에서 앞선다고 해도 대구에서의 선거는 분명 쉽지 않을 겁니다. 만약 천신만고 끝에 성공했다 할지라도 공고한 질서가 한 방에 깨지지도 않을 겁니다. 단지 선거에서 승리한다는 것만이 중요한가요?

● **김부겸**　개인의 힘으로는 한계가 분명하겠지요. 다음 선거 결과에 관계없이 열정이라든가 이런 것이 마지막 단계에 이를 수도 있습니다. 그러나 희망적인 장면도 있어요. 지난번 지방선거를 거치면서 130명 정도 되는 대구시 기초의원 중에 우리 사람들이 16명 정도 진입했습니다. 확실히 이 사람들의 활동이 눈부십니다. 과거 새누리당 사람들만 있던 기초의회와는 비교가 되지 않는다는 평가입니다. 가능성이 조금씩 보입니다.

● **김태훈**　말하자면 지역적 기반에 의해 무임승차가 보장되어 있는 것이 아니기 때문에 활동을 통해서 극복하고 있다는 것으로 해석됩니다.

● **김부겸**　그렇습니다. 활동을 통해서 능력을 발휘하니까 게임이 되지 않습니다. 그래서 신뢰를 받는 거지요. 이 사람들이 꾸준히 성장하면 풀뿌리 민주주의를 실질적으로 이룰 수 있는 일꾼들이 될 겁니다. 야당의 후보임을 당당하게 표방하고, 정책으로 대결하고, 활동으로 평가받는 겁니다. 지역당 이름 하나에 기대 으스대는 게 아니라 스스로 뛰어서 만드는 것이지요. 다음 선거의 가능성은 이렇게 만들어지고 있습니다. 적어도 그때까지는 내가 버텨 주어야 합니다. 김부겸이라는 한 사람이 대구에서 당선한다고 세상이 확 바뀐다? 그건 말이 안 됩니다. 후배들이 성장하기 위한 객관적인 시간이 필요합니다.

국가 자원의 배분율이 공정해지려면
특정 지역을 특정 정당이 독점하지 않아야 합니다.
통 큰 지원을 받으려면 여당도 주려고 하고,
야당도 주려고 해야 합니다.
양쪽에서 사랑을 받아야
지역에 꽃다발이 넘치는 겁니다.

● **김태훈** 단지 버티는 것만으로는 안 됩니다. 뭔가 다른 콘텐츠가 있어야 합니다. 두꺼운 벽을 넘기도 전에 우물에서 숭늉 찾는 식의 질문이 되겠지만 뭔가 화끈한 그랜드 플랜이 있지 않을까, 그런 기대를 숨길 수 없습니다. 확 던질 수 있는 빅카드 같은 걸 준비하셨습니까?

◆ **김부겸** 네, 준비하고 있습니다. 하지만 기존 질서라는 건 결국 새누리당 일당 우위 체제이고, 그걸 깬다는 건 중요한 승부수인데 본 게임 들어가서 꺼내야지 지금 미리 밝히면 상대방에게 노출되는 건데, 그럼 안 되지요. (웃음)

● **김태훈** 남북이 갈리고 싸우는 역사 속에서 같은 외모와 같은 언어를 가진 사람들이 적으로 나뉘었습니다. 모든 정치 행위나 사회적 담론들도 오직 내 편이냐 네 편이냐 가르는 것을 당연하게 생각합니다.

얼마 전 캄보디아 여행 중에 들었던 살벌한 이야기가 떠오릅니다. 캄보디아 사람들은 안경을 쓰지 않는다고 합니다. 크메르루주 정권 시절, 안경만 끼면 지식인이라고 잡아가서 처형했기 때문에 그 정권이 몰락한 후에도 사람들이 안경을 끼지 않는 웃지 못할 일이 벌어지고 있습니다. 정치적으로 반대쪽에 있다고 하면 그것이 의견의 다름이 아니라, 무찔러야 할 적으로 규정되어 버립니다.

◆ **김부겸** 　남북문제라든가 사회적 대통합이라든가, 풀어야 할 문제 역시 산 넘어 산이지요. 우선 현재의 정치 제도에 대한 근본적인 회의와 물음을 가져야 합니다. 몇몇 사람의 당선으로 전부 해결될 문제는 아닙니다. 지금은 쓸 만한 정치 자원들이 특정 지역과 특정 정당에만 쏠립니다. 진입 통로가 한정적이니 어쩔 수 없다고 한다면, 쏠릴 필요가 없는 상황을 만드는 것이 중요합니다.

정치 자원이 어느 정도 공급되면 경쟁이 일어날 것이고 경쟁이 일어나면, 힘들고 더디겠지만 이게 한번 봇물이 터지면 그 다음부터는 선순환하리라 믿습니다. 대구 사람들은 '김부겸'이라는 사람은 괜찮은데 당을 마음에 들지 않아 합니다. 그래서 속내를 드러내고 지지하고 싶어도 몹시 주저되는 것이 사실이지요. 그런데 호남에서 이정현이 당선된 겁니다. 이게 상대적이니까 확률이 확 올라버린 거지요. 현재는 딱 그 정도입니다. 확률이 올랐다고 해서 무조건 된다? 턱도 없는 이야기입니다.

새누리당은 곳곳에 박근혜 대통령의 사진을 걸어 놓을 것이고, 당의 깃발을 흔들 겁니다. 감정을 자극하는 온갖 수사들을 쏟아 내겠지요. 나는 누구의 사진에 기댈 수도 없고, 더군다나 깃발을 흔들 수도 없습니다. '지역'이라는 단어조차 꺼낼 형편이 안 됩니다. 지원을 요청할 백업이 없는 상태에서 상대가 누구라도 51대 49의 백병전을 벌여야 합니다.

김문수 전 도지사가 온다니까 이렇게 제안하고 싶어요. "치사하게 대통령이나 팔고 감정이나 자극하는 추잡한 선거가 아닌 비전 대 비전으로 붙어 보자." 상대가 할 수 있을지 모르겠습니다. 이렇게 멋진 대결을 기대하는 반면, 김문수 전 도지사의 대구행에 안타까운 마음도 있습니다. 대구가 뚫려서는 안 되니까 막아야 한다는 건데 왜 안 되는 거죠? 우리 정치가 상식적인 구도 한번 만들어 보자고 이렇게 발버둥 치는데 사실 고춧가루 뿌리는 거지요.

〈동아일보〉, 〈중앙일보〉에서 기사를 올렸더군요. "감동이 없다." "아직은 당신의 보따리를 풀 때가 아니다." 사실은 이례적입니다. 아직 완전히 확정된 것도 아닌 한 개인의 정치적 행보를 놓고 그렇게 비판하는 것이 흔한 일은 아닌데 실명을 대놓고 비판할 만큼 언론의 공분이 있다는 이야기입니다. 싸워야 하면 싸워야지요. 다만 하나 걸리는 것은 45년 동안 형 동생하며 지냈는데⋯⋯.

● **김태훈**　지역주의는 나쁘다는 추상적 합의가 오래된 '관성적 투표'

를 쉽게 넘어설 수 있으리라 보지는 않습니다. 관성은 다분히 감정의 영역이라 이걸 돌파하기 위해서는 '눈에 보이고 손에 잡히는' 실체를 보여 주어야 하지 않을까요? 지역주의를 깨면 실질적으로 국민들의 삶에서 이런 것들이 변할 것이라는 구체화된 제안은 무엇입니까?

◆ **김부겸** 국가 자원의 배분율이 공정해지려면 특정 지역을 특정 정당이 독점하지 않아야 합니다. 통 큰 지원을 받으려면 여당도 주려고 하고, 야당도 주려고 해야 합니다. 양쪽에서 사랑을 받아야 지역에 꽃다발이 넘치는 겁니다. 대구에서 새누리당만 화끈한 싹쓸이를 하고 광주를 야당이 점령하다시피 했지만 뭐가 달라졌습니까? 산업 생산성이나 소득 증가율을 보면 대구가 20년째 꼴찌입니다. 끝에서부터 광주, 부산 순입니다. 허수아비를 세우고 막대기만 꽂아도 당선인데 뭐 하러 일합니까? 경쟁이 이뤄져야 한 푼의 자원이라도 더 가져오겠다는 분발심이 생기는 거지요.

이정현 의원이 세금 폭탄을 약속했습니다. 단지 대통령의 측근이라서? 아닙니다. 이정현이 끌고 여당이 밀어주고, 지역 맹주인 야당은 지역 발전과 관련된 사인이니 웰컴할 수밖에 없고…… 한 정당의 힘으로 100억짜리 200억짜리는 가능합니다. 하지만 지역을 근본적으로 발전시킬 수 있는 1,000억, 2,000억짜리 프로젝트는 합의가 필요합니다. 합의를 해 줄 상대가 있어야 할 것 아닙니까.

● **김태훈** 그 지역을 대표하는 정당이 있는데 반대당의 사람이 지역의원을 맡고 있으면 강제적으로라도 합의와 타협이 될 수밖에 없는 상황이라고 봐야 하는 겁니까?

◆ **김부겸** 앞서 예를 들었지만 지역주의가 오래도록 고착화된 지역이 가장 낙후된 지역들입니다. 우선 일자리가 없어지고, 젊은이들은 떠나고, 도시는 노후화되면서 활력을 잃습니다. 활력이 없다는 것은 무엇입니까? 문화든 뭐든 모든 투자가 위축되는 결과로 이어진다는 것이지요.

충청권을 봅시다. 누군가는 지정학적 유리함을 이야기하지만 대한민국 국토는 그리 크지 않습니다. 단순히 세종시 때문은 아닙니다. 정치적 다양성이 발전의 원동력이 된 겁니다. 여당은 물론 야당도 거의 비슷한 지분을 확보했고 한때는 '자유선진당'이라는 지역당까지 군웅할거했습니다. 혼란이 일기는커녕 죽기 살기로 경쟁하고 협력하면서 지역을 발전시켰습니다. 나는 이런 부분들에 대해 아주 당당하게 이야기합니다. "당신들이 선택한 작은 정치적 다양성이 훨씬 큰 기회로 돌아온다."라고 말입니다. 분명히 확신을 갖고 이야기할 수 있습니다.

● **김태훈** 국가 전체적으로도 고령화가 사회적 동력을 잃게 하는 가장 큰 문제인데 지역은 두말할 필요가 없습니다. 해외여행을 하면서

가장 인상 깊었던 나라 중에 하나는 베트남이었는데, 전 세계에서 국민의 평균 연령이 가장 낮은 나라라고 하더군요. 20대 중반밖에 안 됩니다. 길거리에 나가면 나이 든 사람들이 거의 없고 속된 말로 다 애들입니다. 어르신들에 대한 폄하는 결코 아니지만, 젊은 나라라는 것은 그만큼 미래가 밝다는 뜻이지요. 갑자기 젊은층의 인구를 생산(?)할 수는 없지만 떠나지 않고 지역에 남도록 하는 것은 지역사회 전체가 관심을 가져야 할 문제라고 생각합니다.

◆ **김부겸** 그렇습니다. 지역에서도 삶이 이뤄져야 합니다. 자식 낳고, 공부시키고, 일자리 잡고, 결혼하고, 그런 삶이 충분히 가능하다는 보편적 확신이 있어야 합니다. 그런데 좌절시켜 버립니다. 서울로, 수도권으로 가지 못한 인생은 실패한 인생으로 낙인찍어 버립니다. 양질의 일자리도 없습니다. 삶은 현실에 대한 대응인데 힘든 현실을 가치나 철학으로 대체하며 살 수는 없습니다.

그렇다고 서울과 수도권 젊은이들은 행복합니까? 출근에 한 시간 반, 퇴근에 한 시간 반을 허비합니다. 같은 시간 노동할 경우, 지방보다 월 평균 100만 원 정도 더 받는다지만 주거비와 교통비의 부담은 그 이상입니다. 삶을 확 찌그러뜨리는 거지요. 지하철이나 버스를 타면 얼굴이 편안한 사람이 거의 없습니다. 정치인들 얼굴만 폈어요.

◆ **김태훈** 하나의 삶이 마땅한 공간에서 계속된다는 건 아름다운 일

입니다. 그것이 도시를 살아나게 하고 국가를 살아나게 하는 겁니다. 이런 측면에서 롤 모델이 될 만한 나라나 도시가 있습니까?

◆ **김부겸** 독일의 뮌헨이란 도시가 매력적입니다. 역사적 배경도 깊고 제조업의 전통도 탄탄합니다. 히틀러가 뮌헨을 뿌리로 정치 기반을 만들었어요. 하지만 자신들의 자랑스러운 역사, 부끄러운 역사, 슬픈 역사와 함께 자연 조건들까지 남기고 공유하면서 긍지를 갖고 살아갑니다. 바로 그 지역에서 자신들이 공부시킨 이들에게 일자리를 만들어 주고 그러면서도 외부에 대해 닫혀 있지 않습니다. 누구든지 나오고 누구든지 들어갈 수 있습니다. 디자인, 과학기술 등 다양한 분야를 막론하고…….

● **김태훈** 어느 매체와의 인터뷰에서 대구시장 선거에 도전했던 진짜 이유 중 하나가 "직업 정치인이 되고 싶지 않아서였다."라는 말씀을 하셨습니다. 미래가 불투명하고 감을 잡을 수 없었던 것입니까?

◆ **김부겸** 소명으로서의 정치와 직업으로서의 정치가 있다면 소명으로서의 정치를 하고 싶었습니다. 세상을 조금이라도 낫게 만들고 싶은 꿈이 있었고, 그에 기여해야 한다고 생각했습니다. 또 내가 이렇게 도전해야, 비록 중간에 좌절하게 되더라도 누군가 내가 이룬 성과에서부터 시작할 수 있습니다. 내 앞에 이강철, 유시민 등 꽤 좋은 사

람들이 도전했음에도 남아 있는 것이 제대로 없습니다. 그렇게 끝을 내선 안 된다, 샐러리맨 정치인이 되고 싶지는 않다, 그런 생각을 했습니다. 꼬박꼬박 활동비 타는 재미로 정치하는 건 나쁜 놈이지요. 제도권 정치를 시작한 게 1991년부터 따져 봐도 벌써 25~26년째입니다. 그때 끝이 보였으면 막말로 이걸 계속 했겠습니까? 오늘날 많은 사람들이 지역주의가 이제는 별로 중요한 어젠다(agenda)가 아니라고 말합니다. 그럴 수 있습니다. 그러나 음습하게도 한 꺼풀만 벗기면 암 덩어리가 그대로 존재합니다. 어떤 정책이나 이슈든 최선의 결정을 내리려 하면 이 암 덩어리가 부풀어 올라 우리의 앞길을 막아 버립니다. 이런 이유, 저런 이유 때문에 최선의 드림팀을 만들어 우리 문제를 풀어 볼 기회조차 만들지 못하는 겁니다.

평소에는 합리적으로 사고하지만 결국
'우리가 남이가'로 해결하려는
유혹에 빠질 겁니다.
그 순간 그 상황에서는 잠시 주도권을 쥐겠지만
조금 더 큰 강물에 가면 그건 정말
보잘 것 없는 한줌 바람으로 사라질 겁니다.

● **김태훈** 　요즘은 호남 출신이 장관이 되었다는 것조차 중요 뉴스입니다. 그리고 많은 문제들에 대한 숱한 고민과 격렬한 논쟁도 '우리가 남이냐'고 내뱉는 순간 다 무너져 내립니다. 말하자면, 일종의 주술 같다고 할까요? 몇 시간, 며칠, 몇 년 동안의 논쟁은 온 데 간 데 없어집니다. 이건 마치 정당한 결투에서 불리해진 누군가가 덩치 큰 형을 악다구니를 쓰며 불러대는 것 같은 참담함입니다.

◆ **김부겸** 　평상시에는 그런 말을 안 합니다. 결정적일 때만 꼭 그렇게 말합니다. 우리가 가진 이중성이 적나라하게 드러나는 순간입니다. 이 공동체가 앞으로 나아가거나 확장이 필요할 때는 전혀 합의가 되지 않습니다. 공동체 존립의 기본은 통합입니다. 각자 갈 길만 고집하면 공화국이 아닙니다. 싸울 땐 싸우더라도 최소한 합의할 수 있는 토대가 있어야 그 다음 단계로 나아갈 수 있어요. 지역주의? 이것이 점점 보잘 것 없는 이슈가 되는 것은 '생큐'입니다. 그러나 지금 쉽게 극복된 이슈라 말하는 건 속임수고 거짓말이지요.

나는 평소 대구 지역 지식인들을 만나면 이렇게 호소합니다. "평소에는 합리적으로 사고하지만 결국 '우리가 남이가'로 해결하려는 유혹에 빠질 겁니다. 그 순간 그 상황에서는 잠시 주도권을 쥐겠지만 조금 더 큰 강물에 가면 그건 정말 보잘 것 없는 한줌 바람으로 사라질 겁니다. 우리가 바람에 휩쓸려 살아서는 안 됩니다."

● **김태훈** 예전에 북한과 그쪽 사람들을 표현할 때 머리엔 뿔이 나고 얼굴은 붉은 색인 악마처럼 표현하고 가르쳤습니다. 만화〈똘이장군〉버전이 그랬습니다. 진짜 그런 사람들인 줄 알았다가 막상 그들도 우리와 같다는 것을 깨닫게 되면서 상생이나 통일이라는 말이 멀게 느껴지지 않았습니다. 상대 지역에 대한 배타성이란 것도 알고 나면 결국 그런 것이 아닐까 싶습니다. 몰라서 생기는 문제가 크다는 겁니다.

◆ **김부겸** 독재자가 원하는 건 백성의 무지(無知)와 계층 간의 불신(不信)입니다. 사회를 좀먹는 병인데 묘하게도 불의한 체제를 공고하게 하는 무기로 사용됩니다. 동서남북의 불신과 불화도 성격이 크게 다르지 않습니다. 권력자들은 이런 감정들을 편리하게 찢고 붙이고 하면서 자신의 성을 쌓고 있습니다.

그렇다고 상황을 극단적으로 몰아가고 패거리를 만들어 싸워야 문제가 풀린다는 논리에는 동의하지 않습니다. 패거리 중심이니까 막무가내 경쟁을 하는 것이지 서로의 정치 자산, 공동체에 대한 비전으로 보면 약간의 이념적 격차를 두고 경쟁하는 것뿐입니다. 경쟁을 하지 말자는 게 아닙니다. 민주공화국 공동체를 위한 큰 타협을 하는 데 부끄러워할 필요가 없다는 거지요. 이런 시각이 내가 우리당 내 강경파들과 부딪치는 주요한 문제들입니다.

● **김태훈** 뭔가 억울한 마음도 들 수 있겠습니다. 일을 할 때는 열심히

나서서 했는데, 배분할 때는 종종 배제당하셨다는 느낌이 있습니다. 사실 이쪽 진영과 저쪽 진영을 오갔다는 게 순혈주의를 유독 따지는 대한민국 정치에서는 치명적인 아킬레스건이기도 하고, 야당이었지만 여당지역 출신이었다는 점도 작용했으리라고 봅니다.

◆**김부겸** 스스로 당을 옮긴 건 한나라당 탈당이 유일합니다. 오히려 기득권을 포기한 것이었어요. 무슨 자리나 배지를 보장받고 옮긴 게 아니라 그냥 허허벌판으로 나왔는데, 좀 야속하더군요. 아무튼 내 나름대로의 원칙과 합리적인 판단에 대해서는 후회하지 않습니다.

한나라당 탈당은 노무현 대통령의 호소도 있었지만, 한나라당의 급격한 보수화에 대한 실망 때문이었습니다. 당시 '대북송금특검'을 했었는데요, 솔직히 남북정상회담과 6.15선언 이후 남북관계는 상당 부분 평화공존의 단계에 접어들고 있었습니다. 대북송금은 그냥 막말로 음흉한 자금을 던진 것이 아니라 현대그룹의 대북사업에 대한 독점권 대가였습니다. 논쟁을 할 수는 있었지만 특검까지 간 것은 사업의 상대인 북한 정권에게 모독을 준 것입니다. 그러다 결국 정몽헌 회장이 자살하는 극단적 상황이 벌어진 겁니다.

난 정파의 이익을 떠나 남북관계나 국익의 측면에서 이건 아니라는 생각이 들었습니다. 한나라당 내에서 유일하게 특검에 반대를 했고 자연스럽게 왕따가 되었습니다. 그때 얻은 별명이 '김부결 의원'이었습니다.

참 역설적인데요, 그때 소신 있게 잘하라고 나를 격려해 준 사람은 박근혜 대통령(당시 국회의원)이었습니다. 소신을 지킨다는 것이 얼마나 어려운지 안다며 진심으로 격려해 주더군요. 노무현 정권 시절, 박정희 대통령 장남 박지만 씨가 결혼을 했습니다. 사연은 많지만 박정희 대통령의 아들이 결혼을 한다는 건 의미가 있는 것이지요. 굴곡진 인생을 살았던 사람이 정신 차리고 한 가정을 이룬다니 축하할 일이었습니다. 그런데 열린우리당 쪽에서는 한 사람도 참석하지 않았어요. 나만 갔습니다.

박근혜 의원이 깜짝 놀라며 "어머, 여길 어떻게." 이러더군요. 마음을 터놓을 수 있는 좋은 경사 자리마저 담을 나눈다고 생각했으니, 무슨 상생과 타협이 존재했겠습니까. 박근혜 의원이 배려를 해서 나를 제일 앞자리에 앉혔습니다. 박준규 의장, 박태준 회장도 계셨는데 "아이고, 이놈아. 네가 오늘 밥값을 한다. 정치를 그렇게 해야 한다." 말하며 무척 기뻐하셨습니다. 장관급 정도를 보내서 축하 인사를 전달했어야 합니다. 그래야 다음 만남이 달라지고⋯⋯ 상대를 이길 생각만 하고 함께 살 생각을 못하면 정치가 아닙니다. 정치판도 사람 사는 곳입니다.

● **김태훈** 대국적 정치라는 것이 그런 자리에서 주로 만들어지는 것 아니겠습니까.

◆ **김부겸** 결혼, 조문, 이게 최고의 기회입니다. 그 과정에서 흉금을 터놓을 수 있고 오해도 풀 수 있습니다. 축하와 위로를 전하고 감사의 마음을 답하면서 자연스럽게 다음 만남을 약속하고, 이러면서 상대와 수를 나누는 것입니다. 내가 지방선거할 때 박근혜 의원과 담소하는 사진을 썼습니다. 제가 국회 교육과학기술위원장을 할 때, 달성군에서 디지스트(DGIST) 기공식이 있었고 그 자리에서 그분과 대화하면서 파안대소하는 사진이 찍혔습니다. 나를 그렇게 편하게 생각한 겁니다.

● **김태훈** 위원장님이 보시는 '박근혜'는 어떤 정치인입니까? 의원 시절의 박근혜와 대통령 박근혜는 완전히 다른 사람이라는 세간의 평을 국민 입장에서는 어떻게 받아들여야 합니까?

◆ **김부겸** 정치인으로서의 박근혜는 결코 만만치 않은 내공이 있는 분입니다. 정치는 간단하게 보면 두 가지가 핵심인데, 하나는 선거 실력이고, 하나는 국정 실력입니다. 이는 국정 운영 능력을 가리키는데 마키아벨리 식으로 말하자면 전자는 포르투나(fortuna), 후자는 비르투(virtu)가 많이 작용하는 분야지요. 운명과 역량이라고 번역하면 비슷할까요?

지금까지 자신에게 닥쳐온 운명과 맞서 싸우면서 성장하고 그 과정에서 국민들의 사랑까지 듬뿍 받고 대통령이 되셨는데 국정을 직접

챙기기보다 누군가에게 맡긴다는 느낌이 들어요. 그럼 총리라도 좋은 분을 만나는 인덕이 있어야 하는데, 이 총리들이 번번이 인사청문회 때문에 엎어지면서 아주 꼬였습니다. 그렇다고 비르투가 특별히 좋은 분 같지도 않고…….

그래서 국민들 입장에서는 좀 허탈하죠. 지금 보수 진영의 핵심 인사들조차 나라의 앞날을 걱정하는 현상이 있는데 바로 이런 국정운영 능력에서의 평가가 높지 않기 때문입니다.

● **김태훈**　사람들은 그런 면에 있어서 감정적 부딪침이 강합니다. SNS에 소위 노무현, 김대중 대통령을 지지했던 연예인들 살생부가 떠돌았는데, 최근에 집권당의 이미지가 안 좋아지니까 소위 MB, 박근혜 선거운동에 참여했던 연예인들 명단이 살생부가 되어 돌아다닙니다. 참혹한 일입니다. 민주주의 국가에서 정치의사를 표현하고 지지 의사를 드러냈다고 해서…… 밑에 달린 댓글을 보면 추악할 정도입니다. 그런 댓글만 보면 대한민국 국민의 절반은 상대편이 이 땅 위에 발붙이고 있는 한 살 수 없다는 식으로 해석이 됩니다.

◆ **김부겸**　그것이 무슨 공화국이고 공동체인가? 그렇다고 상대편을 없앨 완전한 힘이 있는가? 넬슨 만델라가 왜 참혹한 70년의 고통과 죽음의 역사에도 불구하고 공존 정책을 펼쳤겠는가? 이런 의문이 듭니다. 백인들을 다 쫓아내면 남아프리카공화국은 유지가 안 됩니다. 지

속 가능성이 없는 겁니다. 그런 논리를 갖고 흑인들을 설득했습니다.

우리도 마찬가지입니다. 남북은 물론 동서가 갈라지고 수도권과 지방이 갈라지고 가진 자와 못 가진 자가 갈라져 원수처럼 싸웁니다. 같은 하늘 아래 살면서 부모 죽인 원수처럼 으르렁거리기만 하면 도대체 뭘 어쩌자는 것입니까?

4

탐욕스러운 여당,
어린애 같은 야당

"새누리당이 탐욕스럽고 욕심쟁이라는 것은 알겠다.

하지만 세상을 거덜 낼 자들은 아닌 것 같다.

야당은 그렇게 나쁜 것 같지는 않지만

그들에게 나라를 맡기기에는 불안하다.

마치 어린애 같아서."

§

● 김태훈   지역주의 문제에 관한 이야기를 나누었습니다만, 대한민국 정치의 아킬레스건은 한두 가지가 아닙니다. 지난 몇 번의 선거를 통해 분명하게 확인된 게 있습니다. 소위 보수적인 중장년층의 비율과 결집도가 젊은층의 그것보다 훨씬 앞서 있다는 겁니다. 흔히 말하는 바람 전략, 목소리 높여 젊은층을 규합하고 비판 세력을 규합하는 것만으로는 선거에서 승리할 수 없다는 겁니다.

그럼에도 야당의 선거 전략은 늘 답답하고 한심한 수준입니다. 습관적으로 사용하는 전술 중 하나가 '비리 폭로'와 '상대의 추악함 들추기' 같은 것들인데 이미 대부분의 유권자들에게는 지겨운 레퍼토리요, 흘러간 재방송입니다. 혹시 야당은 참신한 고민을 할 줄 모르는 겁니까?

중장년 이상의 보수층을 요령 있게 설득할 대안이 부족해 보입니다. 이들을 지금과 같은 '반대편' 혹은 '적'으로 규정하는 한 되는 것이 별로 없는 '웰빙 정당', '불임 정당'의 오명을 벗기 어렵다는 생각입니다. 연령이나 계층 구도로 봤을 때 선거에서 젊은층은 메인 타깃이 될 수 없다고 생각합니다. 그들의 꿈과 희망을 고민하고 이야기하는 것과는 다른 차원의 문제입니다.

나도 점점 중년이 되어 갑니다. 비슷한 연배나 그 이상의 선배, 혹은 아버지 세대들을 봤을 때 저들을 어떻게 설득할 것인가, 답이 잘 보이지 않습니다.

✦ **김부겸** 앞으로의 선거는 포지티브한 비전 제시 없이는 표를 얻기 어려울 겁니다. 도덕성 검증은 중요한 문제지만 이는 네거티브할 수밖에 없어요. 하지만 불행하게도 지금까지 야당이 폭로하고 비판했던 정도를 갖고는 유권자들의 반응을 끌어내는 데 한계가 있습니다. 절대 다수 유권자들이 야당에 요구하는 것은 조금 거칠더라도 야당만의 고민과 해법을 내놓으라는 것입니다. 진지하게 국민들의 삶에 기여하는 무언가를 보여 달라는 요구입니다.

알지만 고민도 많습니다. 안타깝게도 현재의 야당은 사회 전반의 자원에 대한 동원 능력이 현저히 떨어집니다. 야당이 가진 자산은, 국민들이 고통 받는 문제를 풀지 않으면 존재 이유가 없다는 절박함입니다. 그런데 이것마저 시들해진 느낌이에요. 선배들의 피눈물과 그분들이 구축한 기반 위에서 싸우고 표도 얻었는데, 그 에너지를 너무 일찍 소비해 버렸습니다. 솔직히 지역주의와 적절하게 야합하고 그 이득에 편승한 정치에서 야당이 자유로울 수 있습니까? 야당부터 그것을 과감하게 버릴 수 있어야만 국민의 지지를 받고 신뢰를 쌓을 수 있어요.

그러나 아주 절망적인 것은 아닙니다. 젊은 세대들의 정치적인 분노와 욕구를 수용하고 대응해 줄 정치세력이 허약해 실망한 것이지 욕구 자체가 좌절된 것은 아닙니다. 표현해 봐야 실천할 곳이 없다는 생각 때문에 좌절된 것처럼 보일 뿐입니다. 인간의 욕구는 쉽게 좌절되는 것이 아닙니다. 옛날처럼 목숨 걸고 거리에서 투쟁하라고 하면 주저할지 몰라도 대한민국의 미래가 바뀔 수도 있다는 믿음이 있으면 기꺼이 투표장에 나올 겁니다. 그런데 제1야당은 지리멸렬이고 진보세력은 몸집이 커지지 않으니 맘을 줄 수가 없는 거지요.

젊은층의 보수화나 기형적인 계급투표 행태가 이야기됩니다만 지금의 집권당은 묘한 장점을 갖고 있습니다. 국민 대다수의 이익을 대변하는 정당은 아니지만 적어도 이 사회라는 틀, 국가라는 틀을 망가뜨리지 않을 실력은 갖고 있다는 겁니다. 심지어 이렇게 말하는 분들도 있습니다. "새누리당이 탐욕스럽고 욕심쟁이라는 것은 알겠다. 하지만 세상을 거덜 낼 자들은 아닌 것 같다. 야당은 그렇게 나쁜 것 같지는 않지만 그들에게 나라를 맡기기에는 불안하다. 마치 어린애 같아서." 전부는 아니지만 지금 국민들이 가진 정서의 단면을 잘 표현하고 있는 말입니다.

● 김태훈 지적하신 부분에 한 가지 더하자면 야당은 투쟁의 관성은 있는데 기획과 전략을 고민하는 데 게으르다는 생각입니다. 지금의 야당은 공성전을 해야 할 때 수성전을 하면서 삽질합니다. 성 안에 갇혀 있으니 상대가 헛발질을 해도 공격을 못 하는 거지요. 상대가

물러나면 그때 몰려나와 소릴 지릅니다. 국민들 입장에서는 실속 없이, 시끄럽고 피곤하게 느껴지지요. 내가 만약 보수층이고 여당 지지자라면 이처럼 고맙고 믿음직한(?) 야당에 절이라도 했을 겁니다.

대한민국의 현대사는 야당의 입지에 결코 우호적이지 않습니다. 남북이 갈려 피 터지는 전쟁을 해야 했고, 자본이 부족해 외세에 의존한 경제 개발을 해야 했습니다. 레드 콤플렉스와 자본 종속적인 사대주의가 양 날개를 펼치고 있습니다. 거기다 적당한 공포심도 작용하는 것 같아요. 정권이 바뀌면 그나마 내 것을 잃어버릴지 모른다는 ……. 그래서 더욱 보수주의자, 혹은 반대 세력을 설득할 수 있는 기획과 전략을 개발해야 하는 게 아닐까 싶습니다.

특히 세금 문제에 접근하는 방식을 보면 굉장히 아마추어적입니다. 많이 벌었으니 너희들은 탐욕스러운 존재들이다, 그러니 뱉으라고 윽박질러요. 워런 버핏과 빌 게이츠가 했던 유명한 이야기가 있습니다. "부자들이 세금을 더 내는 이유는 여전히 부자로 살기 위해서다." 굉장히 인상적인 이야기입니다. 이렇게 접근할 수도 있지 않을까요? "우리는 체제를 전복시키려는 운동권 세력으로서 존재하는 것이 아니라, 현실 정치와 법을 인정하는 정치적 야당으로서 존재한다. 당신들에게 무언가를 요구하지만, 그것은 바로 당신들이 누리고 있는 합법적이고 정당한 부를 계속 유지할 수 있도록 사회를 안정화시키기 위한 것이다."

나는 사실 이런 접근과 논리가 보수층을 가장 빨리 설득할 수 있는 수단이고 귀를 기울이게 하는 방법이라고 생각합니다. 하지만 그런 방향의 전략이 보이지 않습니다. 소수의 지지기반과 작은 이득이나마 잃지 않기 위해, 말하자면 공을 벽에 던져서 튕겨져 나오는 공을 받는 '반사 이익'에만 몰두한다는 느낌을 지울 수 없습니다.

◆ **김부겸** 아주 정확한 지적입니다. 한국전쟁을 경험한 세대들에게 북한과 관련된 뉴스는 잠재적 공포의 대상이지요. 야당은 이 문제에 대해서 일관되고 믿음직스러운 태도를 보여 주지 못했습니다. '민주주의 실현이 최고의 안보'라고 주장했지만 다소 이상적이라는 한계를 갖고 있습니다. 진보적 가치가 안보의 문제를 극복해 주기에는 우리 사회가 가야 할 길이 아직 멀어요.

두 번째는 소위 분배의 문제인데요, 워런 버핏 같은 부자들은 미국 시스템의 부족한 부분을 자기들의 노력으로 메워야 한다고 말합니다. 그래야 미국 사회가 지속가능하다는 게 그 사람들의 철학이지요. 부자들이 가진 것을 빼앗아 나누겠다는 것이 아니라 기회를 공평하게 하자는 것이 야당의 철학임을 설득해야 합니다. 가진 것은 다를 수밖에 없다고 해도 최소한 기회는 나누어야 하지 않겠느냐, 이런 겁니다. 기회 창출 없이 분배 문제에만 매달리면 공정함을 가질 수 없습니다. 젊은이들에게 "부자의 것을 빼앗아 나눠 줄게."라고 말하면 좋아할까요? "일할 기회, 도전할 기회를 주겠다, 실패하더라도 다시 주겠다." 이런 것이 좋지 않겠습니까?

이것을 박근혜 정부가 '창조경제'라고 불렀습니다. 그럼 야당은 창조경제든 미래경제든 명칭에 시비를 걸 게 아니라 진지하게 협의 파트너가 되어 야당이 내걸었던 정책을 녹여서 관철시키면 되는 겁니다. 분배뿐만 아니라 성장의 문제도 함께 고민한다는 것을 보여 주어야 합니다. 문제가 있는 여당의 독선적인 정책에 대해 반대를 명확하게 하면 되지요. 그런데 논의 자체를 외면하면 독선적 요소들이 단독으로 입법화되고 정책을 좌우해 버립니다. 이것은 당장의 이익, 불이익의 문제가 아니지요.

문재인 대표도 성장과 분배에 대해 많은 고민을 하는 것처럼 보입니다. 내부 문제가 시끄러워 꽃을 피울지, 그대로 시들지는 잘 모르겠습니다만 야당이 대한민국이라는 공동체를 책임지겠다면 이 두 가지 요구에 대해 분명한 답을 내놓아야 합니다. 우리 국민들 안에 잠재되어 있는 체제 대결의 피곤함과 그로 인해 발생할지 모르는 전쟁의 두려움을 깰 수 있다고 얼마든지 설득할 수 있습니다. 그런데 바보처럼 그렇게 하질 못하고 있어요.

앞에서도 이야기했지만 새누리당 유승민 전 원내대표가 대통령에 맞서며 그런 문제의식을 보여 주었는데 왜 야당에서는 공동체의 미래에 대한 변화의 징표를 못 만드는가? 우리들의 치열한 고민은 도대체 어디서 낮잠을 주무시고 계시는가? 이미 늦었지만 당시 문재인 대표가 즉시 화답을 해야 했습니다. "그대들이 손을 내밀면 우리도 손을 잡겠다. 그 대신 때만 되면 빨갱이 종북 타령하는, 그런 유치한 행태는 넘어서자." 그런데 메아리 없는 이야기만 늘어 놓으니 반응이 떨어진 겁니다. 국민들이 듣고 싶어 하는 것이 무엇인지 모르니까 그렇게 된 것이지요.

> '다르다'는 것은 '틀리다'는 것과 구분되지요.
> 정치 성향이 다른 것이지
> 누가 틀린 것이라 말할 수는 없어요.

● 김태훈 문재인 대표 이야기가 나왔습니다만, 이분의 정무적 감각이나 야당 대표로서의 리더십에 대한 아쉬움이 야당 지지자들 사이에서 터져 나옵니다. 혁신안을 바탕으로 자신에 대한 재신임을 묻겠다고 해서 한바탕 소란이 벌어지기도 했습니다. 야당 대표라는 자리가 정적들에게는 공격과 비난의 대상이 될 수밖에 없습니다. 그래도 많은 국민들에게는 '희망과 대안의 상징'으로 보여야 하지 않겠습니까? 문재인 대표는 작금의 갈등과 모순을 치유할 수 있는 자질을 가진 지도자입니까?

◆ 김부겸 나 역시 정치를 하는 직접 당사자입니다. 정치 평론을 하거나 관전자가 아니어서 다른 정치인에 대해 평가한다는 자체가 주제넘

습니다. 그래도 굳이 하라면 칭찬이나 좋은 말만 해야 합니다. (웃음) 문재인 대표는 보기 드물게 심성이 착한 정치인입니다. 노무현 대통령에게 헌신한 자세만 보더라도 그렇고요. 대단히 심지가 굳은 분입니다. 거기다 안보관이나 유능한 경제정당이 되겠다는 방향 설정은 굉장히 동의하는 바입니다.

내가 성명도 발표했었지요. "문재인만으로 총선 승리가 불가능하지만 문재인을 배제한 총선 승리도 불가능하다는 사실을 기억할 필요가 있다." 여기에 답이 있습니다. 문재인, 안철수, 박원순 등등 모두 현재 야당이 갖고 있는 소중한 자산들입니다. 지키고 아껴야 합니다. 그들이 지나치게 상처를 받는 것은 바람직하지 않습니다.

● **김태훈** 위원장님의 정치적 지향점이자 화두가 '상생'과 '공존'이라는 글을 읽었습니다. 선거를 할 때마다 엄청난 갈림길에서 두 개의 세대, 두 개의 정치적 입장이 지독히 충돌합니다. 나는 그 중간에 끼어 있는 세대입니다. 내 아버지는 보수주의적 성향이 분명하고 나는 100퍼센트 진보는 아니더라도 진보에 가까운 성향을 갖고 있습니다. 그럼 내가 도무지 설득되지 않는 아버지를 절벽에서 밀어야 하는 것이냐, 아니면 내 아버지가 말을 듣지 않는 나를 거세시켜야 하는 것이냐?

선거 이후 좌절감을 담고 있는 SNS의 글들을 보면 무시무시할 때도 많습니다. 보편적인 국민의 한 사람으로서, 특별하게는 아버지 세대

와 아들 세대의 중간에 끼어 있는 한 사람으로서 어마어마한 피로감
과 혼란을 느낍니다.

◆ **김부겸** '다르다'는 것은 '틀리다'는 것과 구분되지요. 정치 성향이
다른 것이지 누가 틀린 것이라 말할 수는 없어요. 나는 평소 넬슨 만
델라와 남아프리카공화국 모델에 깊이 감명 받았습니다. 상생과 공
존의 가치를 너무나 잘 보여 준 감동적 사례입니다. 그들의 경험과
역사는 우리보다 훨씬 처절합니다. 백인이 흑인을 때리고, 죽이고,
강간하고 그것을 70년이 넘도록 계속했습니다.

넬슨 만델라가 투쟁의 중심에 있었는데요, 만델라가 대통령이 되었
을 때 제출된 가장 과격한 법안은 백인 전원 추방, 모든 재산 몰수 같
은 것들이었습니다. 물론 흑백 공존이라는 온건한 법안도 있었지요.
만델라는 추리고 추려서 세 개의 법안을 국민 투표에 부칩니다. 그렇
게 만들어진 것이 지금의 남아프리카공화국 헌법이에요. 내 부모를
죽인 원수, 내 누이를 강간한 원수가 눈에 훤히 보이는데도 용서와
화해를 시도합니다. 투투 주교를 위원장으로 하는 '진실과 화해를 위
한 과거사 위원회'는 모든 과거사를 다 고백하게 하고 기록을 남기
되 처벌은 하지 않는다는 약속을 실행합니다. 비로소 제대로 된 남아
프리가공화국으로 태어난 겁니다.

넬슨 만델라가 감옥에 있을 때 '아프리카 민족회의(ANC)'를 이끌던
리더는 바로 아내였습니다. 남편이 감옥에 있는 27년 동안 온갖 살

해 위협과 압박 속에서도 조직을 지키고 견뎌 낸 철의 여인입니다. 그러다 보니 새로운 남아프리카공화국 건설에 오히려 방해가 될 수 있다고 판단한 만델라는 부인과 이혼까지 합니다. 만델라에게 노벨 평화상이 주어지고, 사망 후 전 세계가 애도한 이유가 뭘까요? 그의 결단이 없었다면 남아프리카공화국의 극적인 전환은 불가능했을 겁니다. 넬슨 만델라는 인간 사회가 무엇으로 유지되고 상생할 수 있는 가를 보여 준 표본입니다.

그냥 논리적으로 치유되지 못하는 과거로부터의 굴곡과 틈은 특별한 결단을 통해 메울 수밖에 없습니다. 저 사람은 친일파 후예였고, 저 사람은 한국전쟁 때 저쪽이었지? 저 사람은 독재정권 때 뭐였지? 이런 식으로 영자 빼고 순자 빼고 다 쳐내면 누가 남겠습니까. 모든 것이 깨끗하게 정리되는 그런 역사는 없습니다.

중국 등소평 주석의 행보도 각별합니다. 중국이 정확한 통계를 발표한 건 아니지만 '대약진운동' 때 무리한 정책 실패로 2,000만 명의 인민이 희생되었다고 합니다. 더 끔찍한 건 '문화대혁명'이죠. 붉은 광기가 약 3,000만 명의 희생자를 만들었습니다. 그냥 인과응보에 맡겼다면 모택동 사후, 중국이 정상적인 나라가 될 수 없었겠지요. 공리가 주연하고 장예모 감독이 연출한 영화 〈5일의 마중〉은 이 시기를 배경으로 하는데요, 딸이 아버지를 고발하는 섬뜩한 장면이 나옵니다. 혁명 과정에서 그런 광기는 예사로운 것이었습니다.

만약 거기서 과거사 청산이니 어쩌니 했으면 중국은 아마 9분 10열이 되었을 겁니다. 여기서 그 유명한 '공칠과삼(功七過三)'이 등장합니다. 후계자 등소평은 "모 주석은 과(過)도 있었지만 공(功)도 크다."라고 정리해 버립니다. 공이 있다고 생각한 부분은 칭찬하고 과가 있는 부분도 비판할 기회를 준 겁니다. 중화인민공화국이 여기서 발이 묶일 수는 없지 않느냐, 그러면서 '개혁 개방'이라는 새로운 비전을 제시합니다.

물론 조용하기만 했던 건 아니지요. 특히 원로 혁명가들이 때가 어느 때인데 자본주의를 추종하느냐고 난리를 칩니다. 그러자 등소평이 전격 실행한 것이 남순강화(南巡讲话 ; 1992년 1월 말부터 2월 초까지 등소평(邓小平)이 천안문(天安门) 사태 후 중국 지도부의 보수적 분위기를 타파하기 위해 상하이, 선전(深圳), 주하이(珠海) 등 남방 경제특구를 순시하면서 개혁과 개방을 더욱 확대할 것을 주장한 담화(谈话) – 편집자 주)입니다.

남순강화에 가장 큰 동기를 제공한 사람이 시진핑 주석의 아버지 시중쉰입니다. 이분이 광둥성 서기였을 때 하루에도 몇십 명씩 홍콩으로 탈출하다가 체포되는 사건이 반복됩니다. 관례에 따르면 모조리 처형해야 했는데, 시중쉰은 이를 반대하고 중앙당에 이렇게 보고합니다. "국경을 탈출하는 사람도 우리 인민이다. 그들을 다 죽여서 어떻게 하자는 것이냐." 그러면서 바로 오늘의 '선전(Shenzhen, 深圳) 모델'을 만들게 되지요.

등소평은 혁명 원로들에게 이렇게 제안합니다. "갑시다. 우리가 왜 혁명을 했느냐, 인민들을 잘 먹고 잘 살게 하기 위해 한 것 아니냐."
등소평은 천안문에서 엄청난 희생자를 낸 과오에서 자유롭지 못합니다. 완벽하지 않은 겁니다. 그래서 이 사람이 택한 것은 교조적인 과거사 청산이 아니라 과거사의 아픔을 합리적 수순으로 봉합하고, 다음 목표로 공동체의 길을 바꾸자는 것입니다. 그것이 '개혁 개방'의 시초였습니다. 당시에는 중화인민공화국이 오늘처럼 바뀌는 것을 누가 비전이라 생각했을까요? 하지만 천지개벽한 변화를 우리 눈으로 목격하고 있지 않습니까.

● 김태훈 그런 역사들이 위원장님이 이야기한 '상생의 길', '공존의 길'의 배경이 되었군요. 간단한 것 같지만 혁명보다 더한 결단 없이는 불가능한 길입니다. 무조건 소리 지르고 싸우는 일에는 선수가 많지만 대한민국에서 '상생과 공존'을 외치면 누구도 선수로 나서지 못합니다. 그렇게 서로 엄청나게 다른 것처럼 으르렁대며 싸우지만 정작 선거 때 포스터나 정책집을 보면 한두 가지 이벤트 외에는 그다지 차이가 없습니다. 메뉴가 별반 다를 게 없는 탓에, 기호가 바뀌어도 모를 지경입니다.

◆ 김부겸 현재 상황에서 여야의 정책 수단의 차이가 얼마나 될까요? 진보 진영 사람들은 우리 보고 짝퉁이라고 말하지만 나라의 미래를 논하는 마당에 경쟁할 정치 세력이 없는 게 뭐 자랑할 일인가요? 지

금 일본 정치가 왜 저렇게 되었습니까. 사실상 반대 정당들이 몰락해 버리니 꼴이 말이 아닌 겁니다.

● 김태훈 일본의 야당은 지리멸렬합니다. 연립이 아니면 정권을 쳐다 볼 수 없을 정도가 아닙니까?

◆ 김부겸 연립해도 안 됩니다. 여당은 300석 가까이 되는데 제1야당 이라는 민주당이 60석 수준이에요.

● 김태훈 최근 미국의 한 역사 드라마를 봤는데 대사가 인상적이었 습니다. 어떻게 그 원수 같은 놈과 화해할 수가 있느냐고 하니까 "원 래 화해는 원수들끼리 하는 거다."라고 말합니다. 친한 사람끼리는 화해할 이유가 없으니 말입니다.

◆ 김부겸 중국 대륙에 있는 저 사람들은 안 겁니다. '서로 사생결단 하고 죽여 봤자 뭐가 남는가?' 하는 것을 말입니다. 혹자는 가해자나 사회적 강자가 반성하고 먼저 화해의 손길을 내밀어야 한다고 말합 니다. 약자, 혹은 피해자가 먼저 손을 내미는 것은 투항이라고 비판 하는 분도 계십니다. 틀린 말은 아닙니다. 그런데 이렇게도 묻고 싶 어요. 정치적, 사회적 강자와 약자의 기준을 어디에 두고, 어떻게 나 누어야 하는가? 가해자와 피해자의 구분은 누가 할 수 있는가? 이걸

놓고 소모적인 논쟁으로 시간을 허비하기보다는 누가 공동체의 삶을 더 잘 대변할 것인가를 놓고 경쟁하면 된다는 겁니다. 상생은 무조건 용서하고 덮자는 게 아니라 '내가 살기 위해서는 당신도 필요하다'는 현실 인식으로 돌아가자는 겁니다.

● **김태훈** 어떤 결단과 선택, 행동이라는 것은 시기적인 때가 중요합니다. 더 이상 지나쳐서는 안 된다는 현실적인 판단이라든지 또는 위기상황에 대한 인식 속에서 오는 것입니다. 상생과 공존이라는 이야기를 시작했다는 것은 우리에게 그 어떤 시기가 왔다 혹은 이대로 진행이 되면 안 된다는 경고로 봐야 합니까? 아니면 둘 중에 하나 혹은 둘 다 존재한다고 봐야 합니까?

◆ **김부겸** 둘 다라고 봐야 합니다. 내가 객관적으로 부딪힌 현실은 국민들의 삶이 심각한 위기에 처해 있다는 것이고, 더 이상 해결을 미룰 수 없다는 것입니다. 나와 함께 정치했던 동료들 사이에서도 이런 절규가 터져 나오더군요. 그럼 누군가는 스피커를 켜고 깃발을 흔들어야 한다는 이야기인데 지금은 내가 깃발을 흔들어 봐야 징표로서의 힘이 약해요.

그러나 앞에서도 이야기했듯이 만약 대구에서 돌파에 성공하고 길을 만들게 된다면, 그렇게 주어진 힘은 결코 나만의 것은 아닐 겁니다. 그땐 깃발을 들어야겠지요. 주저하지 않을 겁니다. 지금 내게 주어진 기회라는 것은 결국 세상을 향한 큰 외침을 만들어 보라는 것이지 개인 출세의 기회로 삼으라는 것은 아니니까요.

자연인 김부겸도 이제 곧 60세입니다. 우리 나이로 환갑이면 뭔가를 더 욕심내서 얻고 챙기려는 건 추해요. 하지만 내 인생의 소중한 과제에 대해서는 더욱 집중해야 하고, 모든 삶의 지혜를 동원해야 할 때입니다. 그리고 아름다운 종결을 해야지요. 누구한테 박수 좀 못 받으면 어떻습니까. 그러나 밥값은 하고 끝내야지요.

국민적 분노가 이대로의 현실을
인정하지 못하겠다며 솟구쳐 오르면
여든 야든 지금의 정치인들은
다 날아가게 될 겁니다.
정치 스스로가 변화를 가져온 경우는 없어요.
결국 변화의 주체는 국민입니다.

●김태훈 앞서 이야기한 것처럼 야당, 특히 새정치민주연합에 대한 국민들의 시각은 회의적이다 못해 싸늘합니다. 그러다 보니 이런 주장도 나옵니다. 새정치민주연합이 하나의 당으로 유지될 필요가 있느냐는 겁니다. 실체가 있는지는 모르겠지만 친노, 비노로 나누어져

있다고 하는데, 그것이 단순히 노무현 전 대통령의 측근들과 그렇지 않은 사람들의 구분이 아니라는 겁니다. 근본적으로 추구하는 가치가 다르고 그에 따라 계파들이 나누어져 있다면 차라리 군소야당으로 분화되는 게 옳지 않습니까? 필요한 시기, 예를 들어 총선과 대선 등의 국면에서 연립야당의 형태로 공동 대응하는 것이 오히려 덜 시끄럽고 효율적일 수 있습니다. 그런 시나리오를 정치적 대안으로 말하는 사람들이 많습니다.

◆ **김부겸** 나도 그런 이야기를 많이 들었습니다. 정치권 내에서도 그렇게 진단하는 분들이 계시고요. 하지만 결정적인 장애물이 존재합니다. 바로 '선거구제도'입니다. 일여(一與) 다야(多野)가 되었을 때 현재의 소선거구제 아래서는 일당 독점에 대한 위험이 너무 큽니다. 키 작은 야당 후보가 난립해 거대 공룡인 여당 후보를 이기고 일등을 차지할 확률이 현실적으로 크지 않습니다. 이것이 바로 우리를 가장 두렵게 하는 문제지요.

선거라는 것은 한 번 실패하면 다음 선거까지의 혹독한 시간과 결과를 온 국민이 나눠 가져야 합니다. 그래서 두려운 겁니다. 내가 젊었을 때 그런 실험을 두세 번 했었습니다. 그때는 실패했어도 새로운 에너지가 생겨날 수 있었는데, 지금은 달라요. 특히 안철수 현상이 꺾이고 난 뒤에는 더 심해졌습니다. 대범한 정치 실험과 발상이 성공 가능할 여지가 있겠는가에 대해서는 회의적인 시각이 단연 우세합니다.

말씀하신 현실 진단에는 상당 부분 동의합니다. 하지만 소수 야당 후보가 모조리 참패하는 결과로 이어졌을 때, 이것은 누구도 책임질 수 없는 정치적 재앙이 됩니다. 군소정당으로 분리된 각 진영이 멋진 협정을 통해 역할을 나누고 전선에 배치될 만큼의 전략적인 합의를 끌어낼 수 있다면, 역설적이지만 군소정당으로 헤어져야 할 이유가 없는 겁니다.

● **김태훈** 위험한 실험이 될 수밖에 없다는 입장을 이해할 수 있습니다. 그런데 역시 이런 시각도 있습니다. 최근 문화평론가 김갑수 선생님의 칼럼을 읽었는데 굉장히 인상적인 부분이 있습니다. "야당이 대한민국 정치사에서 그렇게 많은 승리를 거두었느냐?"라고 문제제기한 부분입니다. 사실은 10년의 시간이 고작입니다. 김대중 대통령과 노무현 대통령 시절입니다. 김대중 대통령 시절에는 IMF라는, 한국전쟁 이후 최대의 국가적 위기 상황이 벌어집니다. 불안 심리가 김대중이라는 노련한 정치인에게 표를 몰아주는 결정적인 요소로 작용했을 것이라고 보는 겁니다.

노무현 대통령 같은 경우도 노무현이라는 한 개인이 갖고 있는 투철한 이미지, 그 시대가 안고 있었던 복잡한 문제들을 정공법으로 뚫고 나가려고 했던 강력한 리더십 같은 것들이 젊은 세대들을 울렸다는 것입니다. 젊은층들이 투표장으로 가장 많이 달려갔던 첫 번째가 노무현 대통령이 대선에 나왔을 때가 아니었나, 하는 생각을 합니다. 이 두 번의 경우에는 굉장히 획기적인 사건과 역사상 가장 강력한 리더십을 가진 대통령 후보가 있었습니다. 이것을 제외하면 야당이 의미 있는 승리를 거둔 것은 손에 꼽을 수 있을 정도라는 겁니다. 그러니까 어차피 잃을 게 별로 없고 지금도 마찬가지라는 말입니다. 만약 지금 과감한 정치 실험을 포기하고 안전한 방향만 좇는다면 그것이야말로 기득권을 유지하기 위한 형태들이라는 겁니다. 이것이 과연 정권을 탈환하겠다는 야당 본래의 목적에 합당한 행보인가를 물었을 때, 설득하기 힘든 부분이 있습니다.

◆ 김부겸 말씀하신 상황 인식과 논리에 부분적으로는 동의할 수 있습니다. 하지만 전체를 놓고 본다 해도 지금 그만 한 에너지와 자원이 있겠는가에 대해서는 고민이 필요합니다. 김대중, 노무현 같은 탁월한 리더는 물론이고 민주화 투쟁 시기의 김영삼조차도 당시 광범한 사회적 에너지, 재야(在野)라는 두터운 자원층, 처절한 시대 분위기 등이 뒷받침되었기에 역사를 만들 수 있었습니다. 당시의 리더나 야당 구성원이 아주 잘하기도 했지만 여론과 국민적 분노, 이런 에너지들이 그때그때 폭발해 주지 않았다면 결코 쉽지 않은 일이었습니다. 그런데 지금은 천박할 만큼 강자들이 거의 다 독식한 구도입니다. 제1야당은 국민적 기대를 충족하기 위한 자기 역할보다는 하위 파트너로서의 지위 보존에 더 신경 쓰는 분위기입니다. 그런 태도 때문에

지금 국민들이 화가 나 있는 것 아닙니까? 해결의 길은 있습니다. 가지 않을 뿐이지요. 어떻게든 결사적으로 뚫어야겠다는 주체의 문제가 첫 번째 길이고, 제도적 개선이 두 번째 길입니다. 하지만 현재와 같은 승자 독식의 소선거구제 아래서는 어떤 도전이나 실험들도 대부분 실패로 돌아갈 수밖에 없습니다.

● **김태훈** 야당이 여당에 비해서 소수파인데 정당 시스템은 거의 흡사하다는 생각이 듭니다. 결국은 계파들의 이합집산이라는 한계가 아니겠습니까? 이게 결국 밥그릇·싸움을 유발하고 그 정점이 공천권에 관한 문제라는 것은 정치를 조금만 이해하는 사람이라면 다 알수 있습니다. 물론 다 그런 것은 아니지만 '좋은 후보'를 내보내는 게 아니라 '후보를 적당히 배분'하는 나눠 먹기라고나 할까요.

거대 정당이 중소 규모의 형태로 분화되고 중대 국면에서 연립을 구성하는 형태가 너무 이상적인 형태라면 다른 방안도 고민해야 합니다. 잘 지켜지지 않습니다만 국회의원은 원칙적으로 겸직이 금지되어 있습니다. 정치 행위를 함에 있어서 사적인 이익에 연관되어서는 안 된다는 원칙인데, 이처럼 정당의 정책 입안을 외부 인사, 싱크탱크(think tank) 형태로 분리시키는 것입니다. 정치적 이해와 개인의 안위를 떠나 국민에게 직접 필요한 대안과 대응 지침을 만드는 것이지요. 그리고 공천권 같은 것도, 늘 전략 공천이란 미명하에 계파 수장들의 입김이 거세게 들어갔다면, 완전히 독립적인 제3의 기구를 통해서만 가능하도록 못을 박는 겁니다. 야당의 환골탈태를 보여 줄 수 있는 장면들 아니겠습니까?

이런 과정을 통해 국민들의 신뢰를 회복해 간다면 비록 선거에서 한두 번 진다고 하더라도 귀한 약이 될 수 있습니다. 나는 민주국가에서 가장 필요한 것은 개인적인 믿음보다는 시스템에 대한 믿음이라고 생각합니다. 지금 대한민국의 정치는 시스템에 대한 믿음은 완전히 사라진 채 특정한 리더만 좇는 굉장히 낙후된 형태입니다.

◆ **김부겸**　야당이 마냥 넋 놓고 있는 것은 아닙니다. 문재인 대표가 물러나야 한다는 이른바 '비노의 협박'에도 불구하고 시스템 개혁을 해 보겠다며 '혁신위원회'를 발족시켰습니다. 현실 정치 내에서 연고도 지분도 없는 김상곤 전 교육감을 위원장으로 모셨지요. 조국 교수도 들어왔습니다. 차례차례 혁신안이 발표되었고 최근 당 중앙위원회의 의결 과정을 거쳤습니다. 그러나 정착 여부는 불투명합니다. 비주류의 반발과 함께 진통은 계속될 것이고 완전한 정착도 장담할 수 없는 상황입니다. 지금 그런 분위기입니다.

이런 노력에도 불구하고 제1야당이 능력에 비해 덩치는 크고 감당할 실력은 안 되는 지금의 상황이 타개될까요? 그것에 대해서는 확실히 자신이 없습니다. 지적하신 대로 "차라리 깨끗하게 갈라서자. 그러나 여러 인식에서 공통점은 많으니 상대방을 무찔러야 하는 일에는 모이자. 늘 다투는 모습을 보이는 것보다 훨씬 좋지 않느냐." 이럴 수 있습니다. 그러나 앞서 고백한 대로 이것을 실험하듯 할 수는 없습니다. 정치가 감정이나 울컥하는 기분으로 처리될 수는 없는 것이니까요.

국민적 분노가 이대로의 현실을 인정하지 못하겠다며 솟구쳐 오르면 여든 야든 지금의 정치인들은 다 날아가게 될 겁니다. 정치 스스로가 변화를 가져온 경우는 없어요. 결국 변화의 주체는 국민입니다. 냉정하게 분석하자면 분노는 끓어오르되 아직 그 에너지가 폭발의 단계로 응집되지는 못했습니다.

우선은 이번 혁신위원회에서 내놓은 안들이 어떻게 정착되는지 살필 필요가 있습니다. 혁신을 하겠다는 것까지 예단해서 비판하거나 결과를 서둘러 비관할 이유는 없지요. 그렇게 1단계 제도 개혁을 선보이는 것이 우선입니다. 2단계에 해당하는 인적 개혁까지 한꺼번에 할 수는 없으니 여당과의 기나긴 경쟁 관계에서 국민들에게 좀 더 다가갈 수 있다는 무언가를 보여야 할 것입니다. 거기에 대한 기대를 포기하지는 않았습니다.

● **김태훈**　나는 방송인이지 정치인이 아닙니다. (웃음) 때문에 현실 정치를 이야기할 때 가볍게 이야기한다고 느껴질 수 있겠습니다. 하지만 보통 국민들도 정치를 나처럼 가볍게 생각하고 말합니다. 가볍다는 것은 얕다는 것이 아니라 그만큼 군살 없고 이해관계 없이 순수하다는 뜻입니다. 좀 더 진보적인 가치를 지향하는 입장에서 봤을 때

그래도 야당이 자리를 잡아 줘야 한국 사회의 균형이라든지 가치들이 유지될 수 있다고 생각하는 것도 대다수 국민들의 가벼운 생각입니다.

구체적으로 말씀드리자면 '신당 창당'과 합류에 대한 여러 변수가 있는데, 특히 '우량주 김부겸'을 탐내지 않을 수 없습니다. 새정치민주연합이 원심력에 의해 결국 분열된다면, 혹은 천정배 의원 같은 일부 사람들이 새로운 기치를 내걸고 창당한다면 어떤 결정을 하시겠습니까?

◆ **김부겸** 고백하자면 끊임없이 요청받고 있습니다. 같이 하자고요. 당신이 갖고 있는 자산이 있는데 왜 그렇게 몸을 사리느냐, 당신마저 따뜻한 기득권이 그리 좋으냐는 겁니다. 그런 요청을 받았고 그런 것들이 나를 압박하고 있지만 답변을 유보하고 있습니다.

젊었을 때 두세 번 실험을 했지요. 이 자리에서 차마 다 털어놓기 어려운, 정치라는 것이 갖는 어쩔 수 없이 치사한 면들을 잘 알기 때문에 쉽게 결정할 수 없는 것입니다. 왜냐하면 나로서도 정치적 책임을 질 수 있는 마지막 기회이자 선택이기 때문입니다.

● **김태훈** 누군가 "정치는 타협의 예술이다."라는 말을 했습니다. 타협을 하기 위해서는 상대에 대한 이해가 필수라는 생각이 듭니다. 많은 진보 인사 혹은 보수 인사들이 스스로에 대한 몸가짐과는 달리

상대에 대해서는 유아적입니다. 우리의 정치 환경 때문일까요? 대립각을 세우고 그것을 통해서 표를 얻어 왔던 관행 때문인지 몰라도 상대에 대한 배려는 고사하고 공부도 하지 않는다는 느낌입니다.

> 진보는 현실을 바꿀 수 있는 전략이 없고,
> 보수는 경쟁은 어쩔 수 없으니
> 현재의 제도를 끌고 가자고 고집합니다.
> 하지만 이것이 나라 전체를 추락하게 하고,
> 사람을 불행하게 만듭니다.

◆ **김부겸** 양쪽 진영 모두에 극단주의 세력이 있습니다. 상대편을 악마처럼 생각하고 대화를 하지 않겠다는 세력이 분명 존재합니다. 하지만 그 사람들이 주도적으로 책임을 지거나 문제를 풀어 본 적이 있나요? 없습니다. 다만 상대적으로 목소리가 커서 몸집도 커 보이는 겁니다. 그래서 사람들은 보수라고 하면 극단적 보수의 모습, 이른바 수구라고 하는 사람들의 모습만 이미지화해서 생각합니다. 반대로 진보라고 하면 극단적 친북, 종북 이런 이미지만 각인되어 있습니다. 대단한 오해입니다.

실제 이야기를 해 보면 문제를 풀어가는 데 양쪽이 쓸 수 있는 정책 수단의 차이는 크지 않습니다. 결국은 재정의 문제이고 정책의 우선순위를 어디에 둘 것인가 하는 문제이고, 혜택이 누구에게 가느냐의 문제입니다. 이 부담을 모두가 나누어 지는 것을 설득하는 것이 문제 아니겠습니까?

여기에는 반드시 조세 형평의 문제가 따르게 되는데 결과적으로 부유한 사람, 자산을 많이 가진 사람, 소득이 많은 사람에게 좀 더 많이 요구하는 것이 틀린 방향은 아닙니다. 그런데 보수적인 분들이나 고소득층에서는 자신들의 부담 책임에 비해서 발언권, 주도권 이런 부분들이 오히려 작다고 생각하는 것 같아요. 부담이 적은 사람들이 너무 주도하려고 하고 시끄럽게 목소리를 키워서 국가 시스템과 질서를 흔든다고 생각하는 겁니다. 한마디로 꼴 보기 싫다는 거지요. 이런 감정들이 정당한 정책 접근마저 왜곡시켜 버립니다.

● **김태훈** 대표적인 것이 무엇입니까? 우선 학교 제도, 교육 제도 등이 떠오릅니다만……

◆ **김부겸** 대학이 서열화되면서 우리 아이들의 미래가 중학교 입학 이전에 결정된다는, 그런 어처구니없는 문제들 아니겠습니까? 그런데 보수 진영에서는 확실하게 이것을 선호합니다. 가치를 수정할 대안이 없다는 겁니다. 서열의 문제는 경쟁 사회에서는 불가피하기에, 다소 문제가 있더라도 유지될 수밖에 없다고 생각합니다.

그러나 진보 진영에서는 바꾸자고 하지요. 그래서 가장 먼저 대학 서열화 폐지를 주장하는 겁니다. 시험 성적으로 아이들의 미래를 정하는 시스템도 폐기하고 아이들의 개성을 살려 주는 제도를 짜자고 합니다. 아이들의 잠재적인 개성을 발견하고 그게 가이드가 되어 진로를 정할 수 있도록 하자는 게 요지입니다.

아이들의 미래에 관한 문제인데도 타협은 불가능해 보입니다. 진보는 현실을 바꿀 수 있는 전략이 없고, 보수는 경쟁은 어쩔 수 없으니 현재의 제도를 끌고 가자고 고집합니다. 하지만 이것이 나라 전체를 추락하게 하고, 사람을 불행하게 만듭니다. 정권마다 교육개혁위원회가 있었습니다. 그런데 문제를 제대로 푼 사례가 없습니다. 미래 세대에게 고스란히 스트레스를 안겨 준 게 유일한 성과입니다.

● **김태훈** 이야기를 듣다 보니 상징적인 그림 하나가 떠오릅니다. 보트를 타고 가는데, 이 보트가 여기저기 펑크가 나기 시작해 조금 있으면 가라앉을지 모르는 상황에 처합니다. 진보 쪽 입장에서는 기왕 이렇게 되었으니 배를 버리고 헤엄이라도 쳐서 육지를 찾아보자는 입장이라면, 보수 쪽에서는 아직 완전히 가라앉은 것은 아니니 그나마 보트에 머물러 있는 것이 낫다고 말하는 것과 비슷합니다. 결국 다 죽을 수밖에 없습니다.

◆ **김부겸** 예를 들면 보수는 진보한테 최소한 우리가 눈으로 확인할

수 있는 배를 가져와라, 이렇게 말합니다. 배를 가져왔는데 끝까지 새로운 것이 싫다고 하면 그것은 수구적인 입장이 되는 것이지요. 진보도 비록 외양은 화려하지 않아도 난파하지 않을 거라는 신뢰를 주는 배를 어디에서라도 구해야 합니다. 일단 이 배부터 버리고 보자는 것은 과격한 생각입니다.

● 김태훈　사실 이런 이야기를 정치인들끼리 했을 때의 반응이 궁금합니다. 정치적으로 첨예한 대립각을 세우고 있는 사안에 대해서 대화해야 한다, 타협해야 한다고 얘기했을 때 어떤 반응들이 나옵니까? 〈대부〉에서 말론 브란도가 연기한 주인공 돈 콜레오네가 아들들에게 이런 교육을 시킵니다. "피 튀기는 살육전이 벌어지고 있을 때 적과 타협하자고 주장하는 자가 배신자다." 이 영화 속에서는 타협을 제시하는 것 자체가 양쪽 진영에서 왔다 갔다 하는 회색인처럼 비춰집니다. 사실, 위원장님이 가진 정치적 철학을 충분히 이야기하거나 들려줄 기회가 없었던 사람들에겐 영화에서 말하는 회색인처럼 보일 수 있지 않겠습니까?

◆ 김부겸　그렇습니다. 당연히 힘들고, 많은 갈등도 있어요. 영화든 현실이든 조폭들은 영역을 뺏기면 존재 의미가 없어지는 데 반해 우리는 조폭이 아니거든요. 물론 조폭이라고 하시는 분들도 있습니다. (웃음) 얼굴을 맞대고 살아야 하니까 누가 누구를 영원히 지배하거나 완

전히 없앨 수는 없습니다. 전부는 아니지만 과거의 경험이 현재의 인식을 결정하는 경우가 많습니다. 공무를 담당했거나 현장에서 기업경영을 했던 경험이 있거나 혹은 공적 영역에서 책임을 맡았던 사람들은 나의 의견에 대체로 동의해 주십니다. 쓸 수 있는 수단이 그다지 많지 않음을 알고 있기 때문입니다.

그런데 나를 '타협주의자'라고 강하게 비판하시는 분들은 과거 운동권 혹은 투사의 삶을 살아오신 열혈한 분들입니다. 야당이 한때 가진 실력에 비해 너무 많은 힘을 가졌던 시기가 있었지요. 열린우리당 시절이 대표적입니다. 팬클럽, 예를 들어 '노사모'라든지 이런 운동을 통해 정계에 입문한 분들, 혹은 대학에서 이론을 공부했던 분들은 끝까지 원칙을 세우고 관철시키는 게 중요하지 어설픈 결과를 내는 것은 중요하지 않다고 주장했습니다. 갈등이 늘 첨예했습니다.

그러나 현장을 책임지고 일을 해 본 사람들은 접근법이 다릅니다. 원내 수석대표를 하던 당시, 우리에게 주어졌던 것이 천정배 원내대표 팀이 해결하지 못한 국가보안법 폐지 문제였습니다. 당시 국가보안법 폐지를 놓고 여야가 치열하게 논쟁을 했었지요. 마지막에는 국가보안법을 '민주질서보호법'으로 대체하면서 현행 국가보안법에 있는 불고지죄를 비롯한 거의 모든 독소조항을 들어내자는 타협안이 만들어졌습니다. 다만 보수 진영 사람들이 갖는 국가보안법에 대한 정서적 신뢰, 그러니까 우리 공동체를 지키는 심리적 기제, 법적 기제만큼은 지켜 달라는 것이 저쪽의 요구였습니다.

● **김태훈** 말하자면 명목상의 국가보안법을 유지하되 독소조항을 빼내는 실리를 얻자는 것이었군요.

◆ **김부겸** 이름조차 '민주질서보호법'으로 바꾼 겁니다. 정확히는 국가보안법의 개정에 합의한 것이지요. 당시 합의에 참여했던 인물들은 박근혜 대표와 실제로 국가보안법으로 고생했던 김덕룡 원내대표, 우리 쪽에서는 국가보안법으로 다섯 번이나 투옥됐던 이부영 의장 등이었습니다. 이렇게 양쪽 리더들이 극적인 타협을 했던 것인데 협상안은 결국 열린우리당 안에서 깨졌습니다. 국가보안법으로 고생했던 운동권 출신들이 중심이 돼서 있을 수 없는 타협이라고 격렬하게 반대한 겁니다.

"완전 폐지하는 것이 맞다, 열린우리당이 과반수가 넘는 정치적 격변을 해 놓고 이거 하나 못 깨서야 우리의 개혁 의지를 어떻게 평가받겠느냐." 이런 강박증에 시달렸습니다. 만약 그때 국가보안법이 '민주질서보호법'으로 대체되었으면 그 뒤로 일어난 대부분의 쓸데없는 사건들은 존재하지도 않았을 겁니다. 심지어 폐지를 해야 한다고 우리를 그렇게 압박했던 민변(민주사회를 위한 변호사 모임) 소속 변호사들도 이렇게 말하더군요. "우리는 변호사고 시민운동가들이니까 그렇게 폐지를 주장하지만 정치적으로 일정한 성과물은 얻어 냈어야 하지 않나." 지금은 그 정도의 기회도 잡지 못하는 실정입니다. 안타까운 일입니다.

그 다음에 넘어온 것이 사립학교법, 과거사법, 신문법 이런 것들입니다. 신문법은 당시 야당을 설득했으니까 별 문제가 없었는데 사립학교법은 얼마나 갈등이 심했던지…… 형식은 강행 처리가 되었습니다. 야당은 투표 방해하고 우리는 강행 처리하고, 그렇게 모양새는 구겨졌지만 그 과정에서 사실상 임태희 원내수석과 내용에서 많은 합의가 있었습니다. 사립학교가 더 이상 설립자들의 개인 사유물이 되어서는 안 된다는 사회적 합의를 확실히 하자는 것이었지요. 나쁜 관행을 깨자는 데까지 합의를 다 했었습니다. 문제가 있으면 재개정을 하더라도 이 법이 지금 강행 통과되는 것은 불가피하다는 데까지는 양해가 있었습니다. 그런데 박근혜 대표가 끝까지 폐기 주장을 하는 바람에 노무현 대통령이 양보를 했습니다. 이재오, 김한길 회담을 통해서 결국은 재개정하기로 하고 통과가 되었지요.

그리고 과거사법, 대한민국이 설립된 이래 그 많은 억울한 죽음에 대해서 단 한 번도 국가가 시인을 하거나 보상을 하거나 조사를 해 준 적이 없었습니다. 그것이 처음으로 제대로 된 법이었습니다. 이번에는 거꾸로 열린우리당의 강경파들이 이 법은 미흡하기 짝이 없다고 반대를 하더군요.

● **김태훈** 어떤 이유 때문이었습니까? 이상적이지 못하다?

◆ **김부겸** 시기적으로 동학농민전쟁부터 제대로 들어가지 않았다는

겁니다. 다른 이유도 좀 있었지만 결국 이상적인 모델에서 많이 미흡했다는 거지요. 그때 문병호 의원이 제안 설명을 했는데 설득력이 있었습니다. "역사는 역사가 이야기하게 하자, 우리의 역할은 역사에서 그렇게 죽어간 이들이 발언하는 무대를 만들어 주는 것이다. 부족하면 부족한 대로 일단 출범시키자."

역사에 보면 '신원(伸冤)'이라는 것이 있습니다. 우리는 그런 과정이 없었어요. 그런 장으로 해 달라고 제안 설명에서 호소를 했지요. 그렇게 겨우 당론을 만들었는데 이름을 밝힐 수 없는 당 지도부 누군가는 끝까지 면피하느라 표결에서 기권하더군요. 그것을 보면서 이런 생각을 했습니다. '진보적이고 개혁적이라는 우리 진영의 인식도 심각하구나. 역사에 대해 책임질 것은 책임져야 하는데 그런 자세보다는 자기 지지층만을 의식해 정치하는 사람이 꽤 많구나.' 그런 것을 느꼈습니다.

안보를 소홀히 하자는 게 아니라
비용을 꼭 필요한 곳에 집중해
효율적으로 쓰자는 것이
우리의 논리입니다.

● **김태훈** 이상적 형태가 아니기 때문에 반대한다고 하지만 오히려 이상을 향한 어떤 현실적 타협을 이루어야 하는 부분에 있어서 전후가 바뀌었다는 느낌입니다. 사실 국가 안보에 관한 것은 여야가 논쟁을 벌일 사안이 아닌데 말입니다. 최근의 문제만은 아닌 것 같습니다만, 좀 아이러니한 것은 지구상 유일한 분단국가에서 방위산업이 가장 부패해 있다는 겁니다. 안보를 생명처럼 여기는 보수정권에서 총과 대포를 녹슬게 해서 안보가 위협받는 상황입니다. 이에 대해 뭐라 설명할 수 있습니까? 이런 안보의 문제마저 정치적 이해의 문제로 전락시키고 있습니다. 몇 년도에 임명된 사람이고, 언제부터 시작된 사업이고, 이런 식으로 책임의 소재를 찾아가는 데만 급급합니다.

◆ **김부겸** 역사책에서는 이러면 나라가 망한다고 가르칩니다. 모택동 군대에 밀려 섬으로 쫓겨 간 장개석 군대의 모습을 그대로 보여 주고 있습니다. 얼마 전에 만난 여당 인사에게 이렇게 말했어요. "자꾸 우리 핑계 대지 말고 당신들 스스로 자정해라. 어떻게 된 군대가 수뇌부마다 비리 스캔들에 다 걸려드나. 안보와 애국은 자기들끼리 다 하는 것처럼 말하면서, 도대체 이것이 21세기 국가에서 일어날 수 있는 일인가?"

● **김태훈** 안보에 관한 어젠다가 오로지 보수의 전유물처럼 통용되고 있는 것은 진보 진영과 야당의 입장에서 본다면 너무 큰 리스크를

방치하는 결과로 이어집니다. 입장 차는 존재할 수 있겠지만 현재 야당 정치인들에게도 심각한 아킬레스건이 되고 있지 않습니까. 이걸 야당과 여당, 진보와 보수 쪽에서의 공통된 어젠다로 끌어내서 지분을 가져오지 않으면 안 된다고 보여집니다.

◆ **김부겸** 지금까지 계속되는 논란이 있습니다. 해방 공간에서 미국과 소련이 한반도 분단을 계획했으니 우린 어쩔 수 없이 싸울 수밖에 없었다? 그러나 나의 생각은 다릅니다.

미국이나 소련의 대외정책이 늘 주도면밀했던 것만은 아닙니다. 최근 이라크 종전 처리 과정을 봐도 미국의 대외정책은 수시로 바뀌는 걸 알 수 있어요. 우리 스스로가 국제 정세를 제대로 읽지 못하고 둔했던 겁니다. 혜안이 부족한 좌파 진영의 지도자들은 하루아침에 반탁과 찬탁을 오갔습니다. 무조건 힘센 미국과 손잡으면 모든 것이 해결될 수 있다고 말하던 우파는 교활하기 그지없었던 겁니다. 양쪽 모두 민족사의 큰 흐름에 대한 이해와 혜안이 부족했고 상대와 대화조차 하질 않았어요.

정말 허망하지 않습니까? 안목을 가진 지도자들이 통 큰 타협도 하고 행동도 했더라면 이런 결과는 나오지 않았을 텐데 말입니다. 앞으로 누가 최고 지도자가 되더라도 안보와 남북문제에 관한 질문은 집요하게 반복될 겁니다. 당당하게 자기 입장과 논리를 정리하지 않으면 힘들어요.

자꾸 자신 없어 하지만 야당도 논리를 갖고 있습니다. 저쪽에서 말하는 안보라는 것은 대체로 막대한 군비 경쟁의 관점에서 접근합니다. 그런데 언제까지 이렇게 돈만 쏟아 부을 건가요? 그 재원을 다양한 복지나 일자리 창출에 사용하고, 대신 북한을 국제사회와 정상적으로 소통하는 국가로 끌고 나올 수 있다면 길이 열립니다. 안보를 소홀히 하자는 게 아니라 비용을 꼭 필요한 곳에 집중해 효율적으로 쓰자는 것이 우리의 논리입니다. 이건 정말 말이 되는 거고 얼마든지 국민들을 설득할 수 있습니다.

● **김태훈** 국민들이 의심을 거두지 않는 것은 과거부터 지금까지 진보가 가졌던 북한 정권에 대한 불명확한 태도 때문입니다. 그 부분에 대해서는 지금이라도 명확하게 입장을 정리해 줄 필요가 있습니다. 보수층이 납득할 수 있는 어떤 몸짓이 필요합니다. 그런 의미에서 최근 UN에서 있었던 연설은 인상적이었습니다. "북한의 인권 문제는 단순히 한 특정 국가의 문제가 아니다. 아직도 남한에는 수십만의 이산가족이 있다. 결국 북한의 인권 문제는 남아 있는 누군가의 가족 문제다."

◆ **김부겸** UN에서 북한 인권 문제가 국제 결의로 이어지는 순간까지 대한민국 국회는 북한 인권에 대한 합의를 끌어내지 못했습니다. 이 부분은 야당의 책임이 크지요. 결국 대한민국을 책임지겠다고 하면

보수든 진보든 대한민국 국민인데, 그들이 두렵게 생각하고 의심하는 문제를 화끈하게 해결해 줘야 했습니다. 그러면서 우리에게 미래를 맡겨 달라고 했어야죠. 이는 김 선생님이 지적하셨던 기획과 전략의 부족에 기인합니다. 인권 결의안 때문에 북한 인민이 고통을 받는 건 아니거든요. 다만 북한 정권이 여러 가지로 불편해질 겁니다. 그런데 그것을 왜 우리가 두려워해야 합니까?

● **김태훈**   북한을 개발과 협력의 파트너로 설정하고 새로운 시장으로 봤을 때 우리의 자본도 들어가겠지만 당연히 일본, 미국의 참여도 불가피합니다. 한국 정부가 단독 플레이를 할 수 있느냐? 분명 아닙니다. 현실적으로 북한은 위협을 느끼고 있습니다. 자신들은 허약하고 주변은 강하다는 사실을 모를 리 없습니다. 통일 비용이라든지 정서적인 거부감까지 포함해서 대한민국이 주도적인 역할을 해내지 못하고 있다는 것이 가장 큰 딜레마 아닐까 싶습니다.

◆ **김부겸**   맞습니다. 한민족의 운명에 관한 문제에 대해 여야가 진지한 토론 한번 못 한다는 게 부끄럽고 통탄할 일입니다. 남이 발 벗고 나서서 해 줄 수 있는 게 아니니 우리가 우리의 운명을 개척하는 첫 단추를 풀어야 하는데, 이 단추를 못 풀고 있습니다. 이것을 풀지 못하니까 주변국과의 관계도 풀리지 않습니다. 이게 만약 다른 이유 때문이 아니고 상대 진영의 논리가 옳지만 무조건 반대해야겠고, 공(功)

이 넘어가는 게 마땅치 않아서라면 역사와 민족 앞에 대죄를 짓는 겁니다.

● **김태훈**　남북이 휴전선에서 3박 4일의 끝장 토론을 벌였습니다. '전쟁 위기'를 해소한 성과를 끌어낸 것은 박수를 받아야 할 일이지만, 6개항의 공동보도문을 읽어 보면 실소를 금할 수 없습니다. 그냥 5분이면 합의 가능한 수준이더군요. '유감'이라는 표현 하나로 그 많은 시간을 소비하며 격론을 벌였다는 건 그만큼 남북의 거리가 멀다는 뜻입니다. 어떻습니까, 통일은 박 대통령 말대로 대박인가요? 아니면 후손에게 막대한 비용을 감수시켜야 하는 쪽박인가요?

◆ **김부겸**　마침 지난 7월 초에 독일에 다녀올 기회가 있었습니다. 모 방송사에서 광복 70주년을 맞아 독일의 분단과 통일 경험을 살펴보는 프로그램이었는데 같이 참여했었습니다. 독일의 경우는 통일 전부터 사실상 동독에 돈을 때려 붓다시피 했습니다. 우리 같으면 퍼주기라며 보수 진영에서 펄펄 뛸 정도로 말입니다. 통일 후에도 엄청난 돈이 들어갔습니다. 하지만 통일 후 시간이 지나고 보니 그게 죽은 돈이 아니라 살아서 투자로 돌아왔다는 겁니다. 비용인 줄 알았더니 투자더라는 평가입니다.

하지만 독일은 우리와 많이 다릅니다. 독일은 타의에 의한 분단이었지만, 우리는 외세의 개입이 있었다 하더라도 어쨌든 내전이었고 가장 무섭다는 이념 전쟁이었습니다. 그러니 서로 간의 적개심도 독일보다 훨씬 넓고 깊죠. 경제적 격차도 큽니다. 격차가 클수록 통합에는 장애요소로 작용할 게 분명합니다.

대박이냐, 쪽박이냐는 결국 우리가 어떤 프로세스를 택하느냐의 문제입니다. 독일의 경험은 비용이 아니라 투자였다는 것이고, 그게 반드시 우리에게도 그대로 적용된다는 보장은 없습니다. 우리는 우리대로의 전략을 짜야 합니다. 무엇보다 우리가 중요하게 봐야 할 부분은 독일이 미소 간 냉전의 틈바구니에 끼어 있었지만, 직접 대치한 건 아니라는 사실입니다. 동독에도 몇십 만 명의 소련군이 들어와 있었지만 서독과 동독 간의 직접적인 군사적 대립과 그에 따른 군비 경쟁은 그다지 크지 않았습니다.

하지만 우리의 경우는 다릅니다. 남북의 국방 예산이 엄청납니다. 국방 예산 그 자체도 크지만 비용으로 표시되지 않는 비용도 엄청나지요. 남쪽만 60만 대군입니다. 황금 같은 청춘을 2년씩 바쳐야 하는데 사실 엄청난 인건비가 소요되고 있는 겁니다. 그런데 이런 비용은 전부 매몰비용입니다. 생산적이지 않고 소모적인 거죠. 통일비용도 크지만 분단비용도 이렇게 엄청납니다. 우리가 독일보다 더 심각하게 인식해야 할 부분입니다.

그렇다 하더라도 남북의 통일은 과정 자체가 결과보다 더 중요합니다. 화해와 협력을 통해서 서로가 이해, 공존하는 과정을 거쳐야 그 결과물로서 통일을 이룰 수 있다는 인식을 가져야 합니다. 지금 이대로 통일하는 건 가능하지도 않겠지만, 갑작스럽게 이루어진다고 해도 남과 북 양쪽에 엄청난 무리를 가져올 겁니다. 자칫하면 남에 의한 북의 수탈, 소위 내국 식민지 상태가 될 수도 있습니다. '대박'이라고 표현한 게 혹시 그런 상황을 의미한다면 저는 반대입니다. 절대 안 됩니다.

북의 집권 세력이 어디로 튈지 모릅니다. 중국이나 러시아가 가만있지도 않을 겁니다. 북의 경제가 붕괴될 정도가 되어야 가능한 흡수통일의 상황은 한반도에 총체적 위기를 가져올 것입니다. 그래서 당장은 교류협력을 하는 게 중요합니다. 평화공존과 교류협력을 통한 공영, 그것이 가장 중요한 정책적 목표가 되어야 합니다. 그래야 통일 과정에 따르는 경제적인 비용도 우리가 부담할 수 있는 수준으로 적정화될 수 있습니다.

5

대한민국은
정상적인
국가인가?

구체적인 삶의 현장에 선 국민들의 머릿속에는

나의 삶을 설계할 최소한의 것은

'너희들이' 뒷받침해 줘야 한다는 기대와 요구로 가득 차 있습니다.

이건 옳은 겁니다.

그런 것을 해 주는 것이 정상적인 국가입니다.

§

● 김태훈 너무 도식적인 구분인지 모르지만 일반 시민과 정치인을 나누는 경계가 과연 무엇인지 생각해 보게 됩니다. 의사당 안에 있으면 직업 정치인이고 거리에 있으면 일반 시민일까요? 사실 이런 공간적인 나눔은 정서적 구분에 비하면 형편없이 낮은 기준이 되겠지요. 1987년 6월 항쟁의 역사는 누구에게는 성공을, 누구에게는 좌절을 맛보게 했습니다. 오랜 시간 속에서 성공에 대한 기억을 좀 더 오래 갖는 사람들이 정치인으로 남게 되고 실패에 대한 기억을 좀 더 오래 갖는 사람들은 결국 정치에 환멸을 느끼고 스스로 배제되고 이탈되어 '일반 시민' 속에 숨어 버리는 것은 아닌가, 그런 생각을 해 봅니다.

지난 대선 때 진보논객 김어준이 썼던《닥치고 정치》라는 책이 굉장한 인기를 끌었고, 그것을 통해 젊은층이 결집하는 계기가 마련되기도 했습니다. 사실 지금의 시대는 젊은이들이 정치를 외면하는 시대라고 할 수 있습니다. 간혹 짧게 주어지는 부분적인 성공을 통해서 희망을 얻기도 하지만, 정치에 대한 부정과 환멸은 결국 방향 없는 비방과 목적 없는 분노로 표출된다는 느낌을 받습니다. 어떤 예술가가 이런 이야기를 했더군요. "20세기는 예술이 관람객을 무시했다면,

21세기는 관람객이 예술을 무시하는 시대다." 지금의 정치에도 정확히 적용할 수 있는 말이며, 지금 현재 그런 상황입니다. 이런 현실은 직업 정치인에게도 굉장한 아픔과 과제를 동시에 던져 준다고 생각합니다.

◆ **김부겸**   그렇습니다. 그래서 밥값을 못하고 있다는 자괴감이 들어요. 솔직히 창피합니다. 국회의원 배지를 달고 얼마 지나지 않았을 때입니다. 대학에 갓 입학했던 딸이 학부모 직업란을 비워 두었답니다. 궁금했던 교수님이 "아버지가 뭘 하시느냐?"고 물었는데 "공무원 비슷한 것을 한다."고 대답했답니다. '국회의원 아버지'에 대한 자부심이 없었던 거지요. 정치인은 거짓말쟁이, 이기적인 욕심쟁이, 말이 안 통하는 고집불통 등등 온갖 부정(否定)의 수식이 따르는데 내 아버지가 그런 직업을 가진 사람이었으니 창피했을 겁니다.

그래도 한때는 어렵지만 국가와 국민을 위해 작은 역할을 한다는 그런 믿음 정도는 있었는데 최근의 상황은 두려울 정도입니다. "저 새끼들, 이 세상에서 없어져 버렸으면 좋겠어." 국민들이 갖는 불신의 감정은 이렇게 노골적입니다. 그래서 우리끼리 모이면 이런 질문을 합니다. "우리는 왜 정치를 하는가? 돈 많이 벌려고? 아니면 묘비에 거창한 이름을 남기려고?"

한때는 세상을 조금 더 나은 쪽으로 바꿀 수 있다는 꿈이 있었는데, 이제 와서 보니 초라합니다. 정치하는 사람이라면 누구나 그런 것을 느낍니다. 그런 초라함을 지켜보는 국민들의 시선은 계속 바닥을 향할 수밖에 없지요. 악순환이 반복되는 느낌입니다.

비판이라는 화살을 쏘는 자가
스스로 비판의 과녁이 되어 버린 상황이고,
그들이 던져 주는 빵과 고기가
얼마나 썩고 불량한 것인지는
이미 증명되었습니다.

● 김태훈   사람들을 만나면 이런 이야기를 많이 듣습니다. "지금의 정치에서 어떤 희망도 보지 못하겠다."라는 겁니다. 이전과 달리 어느 정도 민주화가 이뤄졌고 개인의 의견을 자유롭게 피력할 수 있는 시대에 살고 있음에도 말입니다. 독재의 칼날이 서슬 퍼렇던 시대에도 국민들은 '희망'을 잃지 않았습니다. 김대중이 있었고 김영삼이 있었기 때문입니다. 그들 역시 한계가 분명한 정치인이었지만 아무튼 그 살벌한 시대에 뭔가 숨통을 틔워 주는 역할을 했던 건 부정할 수 없습니다. 하지만 지금은 그런 우상마저 사라지고 없는 겁니다. 이걸 '희망'이 없다는 감정의 절벽으로 표현하는 것 아니겠습니까?

◆ **김부겸** 소위 말하는 '양김시대'에는 국민들이 느끼는 고통과 분노가 김대중, 김영삼이라는 존재들의 입을 통해 표출되었습니다. 그래서 포기할 수 없었던 '희망의 깃발'이 그들의 목소리와 어우러져 큰 간극 없이 함께할 수 있었습니다. 저 사람들은 우리의 대변자요, 우리를 대신해서 싸우는 전사라는 일체감이 있었던 거죠. 그들이 아프면 국민도 아프고, 그들이 끌려가 탄압받으면 국민도 끌려가 탄압받는다는 그런 느낌, 참 강고한 일체의 에너지가 있었습니다.

완벽하지는 못했지만 그런 정서와 가치를 공유하며 제도적 민주화가 어느 정도 만들어진 건 사실입니다. 그런데 어느 날 고개를 돌려 보니 취직 못한 아들 문제가 있고, 시집 못 간 딸 문제가 있고, 내일모레 정년퇴직하는 가장의 문제가 입을 벌리고 있는 겁니다. "민주주의여 만세!"를 외치며 투쟁했던 시대의 꿈은 이제 지나간 한바탕 소란으로 기억될 뿐인 거지요. 구체적인 삶의 현장에 선 국민들의 머릿속에는 나의 삶을 설계할 최소한의 것은 '너희들이' 뒷받침해 줘야 한다는 기대와 요구로 가득 차 있습니다. 이건 옳은 겁니다. 그런 것을 해 주는 것이 정상적인 국가입니다.

그런데 한 진영은 너무 탐욕스러워 민초들의 마음을 돌아보질 않고, 한 진영은 자신들이 무엇을 해야 하는지도 모르는 무능과 무책임으로 일관하고 있습니다. 선거를 자주 치르지만 형식만 넘치고 내용은 공허한 이유가 그 때문입니다. 이는 지난 몇 차례의 보궐선거 지원을 통해서도 절실하게 느낀 점입니다. 대부분 삶이 녹록한 지역은 아니었지요. 사실 유권자들이 듣고 싶었던 이야기는 우리의 생활이 어떻게 하면 나아질 것인가? 그런 것이었습니다. 그런데 성완종 리스트니, 정권 심판이니 이런 이야기만 했습니다. 그러니 "어느 집 개가 짖나 보다.", "그렇게 선거를 하면 뭐가 달라진답니까?" 이런 반응이 나올 수밖에 없었지요. 입이 닳도록 '국민의 뜻'을 외치지만 우리는 정말 겉돌고 있구나, 지금 당장 무언가를 해 보겠다는 오기보다는 자괴감이 깊어지는 순간이 많았습니다.

● **김태훈**　고약한 농담일 수 있지만 영국 보수당 총리인 데이비드 캐머런이 텔레비전 강연에서 한 인상적인 말이 있습니다. 연구실에서 실험용 모르모트를 너무 많이 죽이고 있다며, 애완동물협회 주최로 시위를 한 일에 대한 대답이었습니다. 그는 이렇게 말했습니다. "그렇다면 정치인들을 대신 쓰면 어떨까요? 왜냐하면 우리가 죽어도 아무도 슬퍼하지 않을 테니." 아주 유명한 일화입니다.

불신은 어디에서부터 시작되었습니까? 정치인들이 입에 가장 많이 올리는 단어 중 하나가 '상식'입니다. '상식적 정치', 나는 이 표현이 상대적 선과 절대적 악으로 전선을 명확히 구분 지을 수 있었던 독재정치 시대에는 아주 유효하고 강력한 깃발이었다고 생각합니다. 하지만 오늘날에는 굉장히 까다로운 문제가 되었습니다. 이것을 단지 보수와 진보, 혹은 지역으로 나누어 생각하려 하지만 해결되지 않는 문제가 많습니다. 국민들이 겪고 있는 복잡 미묘한 삶의 문제와 숙제는 이처럼 단순하지 않은데 그것을 해결하고자 하는 정치인들의 틀 자체는 너무 단순한 거 아닌가, 그런 생각을 합니다.

◆ 김부겸 틀 자체보다는 '공감 능력'의 문제일 수 있습니다. 예를 들면 이런 식이지요. 어떤 사람이 배가 너무 아파서 병원에 갔는데 의사의 처방이라는 게 "약 먹으면 나아요." 이렇다는 겁니다. 확실한 진단이 없고 구체적 병명이 없으니 황당하지요. 그래서 겉돌고 있는 겁니다. 백 사람의 백 가지 요구와 사정에 대해 완벽하게는 아니더라도 어느 정도 비슷하게 다가갈 수 있어야 하는데, 약 먹으면 낫는다는 립서비스만 되풀이하고 있으니 '공감'이 형성될 수 없는 겁니다. 대중의 삶과 이해, 그리고 요구가 복잡해졌다는 사실에 대한 진지한 성찰이 있어야 합니다. 그렇지 못할 경우, 우리가 정치라는 과정을 통해서 팔고자 하는 게 정책이든 비전이든, 이걸 국민들의 손에 쥐여 주는 건 간단치 않을 겁니다. 냉정하게 고백하면 이렇습니다. 지금 한쪽 진영은 처절하고 절박하게 정권 비판만 하면 표가 나온다는 착각을 하고 있습니다. 다른 한쪽 진영은 원하는 빵과 고기를 던져서 욕망을 충족시켜 주면 모든 표가 자기 것이 된다는 환상에 빠져 있습니다.

그러나 둘 다 틀렸습니다. 비판이라는 화살을 쏘는 자가 스스로 비판의 과녁이 되어 버린 상황이고, 그들이 던져 주는 빵과 고기가 얼마나 썩고 불량한 것인지는 이미 증명되었습니다. 우리 사회는 지금 양극화, 세대 갈등, 보혁 갈등, 지역주의 같은 것들이 물리와 화학적 뒤엉킴을 반복하면서 엄청난 소용돌이에 휘말려 있습니다. 그런데 정치권은 소모적인 갈등으로 인해 최소한의 매듭 한 올을 풀 능력조차 상실했지요. 이런 상황을 이해하지 못 하는 건지, 이해하고 싶지 않은 건지 답답합니다.

이런 생각을 해 봅니다. 지금 상황에 대해 반응하고 올바른 해답을 내기에는 우리 정치가 너무 '구식(too old fashioned)' 아닌가? 필요한 정치 에너지가 새롭게 시작하는 세대에서 나와야 하는 것 아닌가? 그런 생각을 합니다.

● **김태훈** 위원장님의 지적은 무척 인상적입니다. 공감 능력 상실에 관한 부분은 물론이고 현실 상황에 대한 분석의 한계들도 고개가 끄덕여지는 내용입니다. 통계를 보니 대한민국 중소 자영업자 비율이 전 세계에서 최고라고 합니다. 이것이 가져오는 현상은 또렷합니다. 최근 투표일까지 표심을 결정하지 못한 부동층이 늘었다고 하는데, 안정적 기반 속에서 사회의 문제를 쳐다보고 판단할 여력이 없다는 겁니다. 하루하루 어떤 변화의 국면에 처하게 될지 모를 상황이라 일정한 이데올로기적 지향점을 가질 수가 없습니다. 이 경우 판단의 근거는 아주 단순해집니다. 소위 말해 '무엇이, 그리고 누가 내 밥벌이에 더 도움이 될 것인가?' 바로 그것이죠.

◆ **김부겸** 이런 겁니다. 결국 누가 대통령이 되고 어떤 성향의 각료가 발탁되든, 그리고 어떤 정당이 지배하는 의회가 되었든 최소한 10여 년 앞을 내다볼 수 있는 정도의 인생 설계가 가능해야 한다는 겁니다. 이게 무슨 철학 없는 돼지 같은 소리냐고요? 절박함의 낭떠러지에 선 사람에게 필요한 건 고매한 이상이나 구호가 아닙니다.

내가 대학을 다녔던 시절에도 체제 논쟁은 치열했습니다. 그래도 대학을 졸업하고 군대를 갔다 와서 정상적으로 취업하고 5년 정도 돈을 벌면 결혼할 수 있다고 생각했습니다. 그렇게 5년 더 벌어서 내 집 마련하고 아이도 키우는 거지요. 60세에 은퇴하면 막걸리 마시고 산책 다닐 수 있는, 그런 정도의 라이프 사이클은 그릴 수 있었습니다. 나라 살림이 몇 배 늘었다고 자화자찬을 하고 개인 소득도 늘었다고 자랑질을 하지만, 지금 이런 수준의 꿈을 그려 보는 것이 가능한가요? 내일이 없다는 것, 이것만큼 불안한 것은 없습니다. 부지런하고 성실하게 살면 대충 이 정도는 이룰 수 있다, 그런 것이 평범한 시민들이 갖는 희망이고 비전입니다.

대충 떠오르는 것들만 정리해도 많아요. 의료 제도와 연금, 전월세 문제, 조세 형평과 복지, 교육과 진로, 청년 일자리, 노후 문제, 자영업 부도, 중소기업 대책, 독점적 지위와 특권의 제어 등 끝이 없습니다. 지금 국민들은 이런 문제들에 대한 대책을 듣고 싶어 합니다. 내일 당장 해결책을 내놓지는 못하더라도 고민은 열심히 하고 있는지, 가닥은 잡고 있는지, 궁금한 겁니다. 최근 공무원 연금 개혁 처리를 보세요. 기대와 달리 기득권 집단은 쥐꼬리만큼 양보했습니다. 그러면서 죽는 시늉을 하며 엉뚱한 생색내기에 급급했지요. 그들의 죽는 시늉과 생색을 누가 감당해야 합니까? 국민들 아닙니까?

국민들이 정치를, 아니 정치인들을 아주 저주하고 있어요. 과거 임진왜란, 병자호란 때 양반 계층이 백성들에게 희망이 아닌 저주의 대상이 되었던 것과 같습니다. 이후 개화기까지 쭉 오는 과정에서 보면 솔직히 이렇게 무책임한 지배층은 역사에 없었습니다. 임진왜란만 해도 국가의 모든 운명을 명나라와 일본의 협상에 맡겨 둡니다. 조선의 지배층이라는 게 그 정도 수준이었습니다. 그러니 왜군에 가담하는 백성들이 속출할 수밖에 없었습니다. 나라가 싫어서가 아니라 양반들이 싫어서였습니다. 한심한 양반들이 행세하는 조선에서 희망을 볼 수 없었던 거지요. 일본군이 한반도 곳곳에 주둔했습니다. 조선 백성들 입장에서는 양반들에게 뜯기는 세금보다 일본군에게 뜯기는 게 훨씬 적다 보니 환영하는 경우도 많았다고 합니다. 오죽했으면, 임해군이 함경도에서 부녀자 겁탈하고 그러니까 조선 백성들이 붙잡아 일본군에게 던져 버렸을 정도입니다.

유성룡은 알았지요. '무엇이 나라의 근본인가?' 바로 백성이라는 겁니다. 그들이 자식을 낳고, 키우고, 농사를 짓는 것만이 구체적이고 실체적인 나라라는 것을 깨닫습니다. 그러면서 '면천법'을 발표합니다. 전쟁에 참여한 사람은 본인뿐 아니라 자식까지 종의 신분을 면하게 해 준다니까 그제야 의병으로 지원하고 처절하게 싸운 겁니다.

> 우리의 역사는 책임자가 책임을 지고
> 과감하게 자신을 던지는 장면을
> 거의 남기지 못했습니다.

● **김태훈** 제2차 세계대전 당시 흑인들을 대상으로 모병하면서 '백인과 동등한 권리를 주겠다'는 약속을 한 것과 같은 것이었습니다.

◆ **김부겸** 의병들이 봉기해서 어렵게 나라를 지켰으면 뭔가 달라져야 하는데 왜란이 끝나고 나니 본전 생각이 난 겁니다. 면천법을 없애고, 유성룡을 조정에서 쫓아냅니다. 약속을 안 지켰습니다. 그러다 병자호란을 맞게 됩니다. 임금이 나를 구해 달라고 방방곡곡에 호소하지만 아무도 구하러 오지 않았습니다. 학습효과가 생긴 겁니다. 허망하기 짝이 없는 것이죠. 약속을 지키지 않는 군주는 이미 '하늘'이 아니었던 겁니다.

당시 500만 명 정도였던 조선 백성 중 30만 명 정도가 전쟁포로로 끌려갔고, 나중에 구사일생 살아 돌아온 여성들은 몸을 더럽혔다고 쫓겨났으니, 이런 수준의 지배층에게서 백성들이 어떤 희망을 찾을 수 있었겠습니까? 옹졸하고 한심한 일이었습니다. 특히 19세기에 들어오면서 조선은 말이 나라지 이미 거덜 난 거나 마찬가지였습니다. 그런데 지금 뭐가 달라졌습니까? 그때만큼 굶어 죽지 않고, 질병으로 죽지 않는다고 나아졌다고 할 수는 없습니다. 국민들은 대한민국이 대단한 선진국이 되기를 바라는 것이 아닙니다. 자본주의 체제에서 힘 있는 사람들이 센 척하며 사는 걸 아주 뭐라고 할 수는 없지요. 다만, 공익(公益)을 해치지 않는 범위에서 제어해 주고, 반대로 도저히 개인의 힘으로는 어쩔 수 없는 사람들에 대해서는 역시 공익(公益)의 범위 안에서 구조해 달라는 것입니다. 하지만 정치권은 경제 민주화 논쟁, 보편적 복지의 논쟁 등 매우 중요한 과제들을 구체성이 떨어지는 문제로 전락시켜 명분 싸움만 하고 있습니다. 지난 대통령 선거 때 그렇게 싸워 놓고, 지금도 여전히 목숨 걸고 싸웁니다.

● **김태훈** 그런 현실 인식에서 보면, 변화의 역동성이 점점 사라지고 있다는 안타까운 생각이 듭니다. 결국 변화의 중추는 소위 '중산층'과 '기층 민중'들이고 이들이 미래의 버팀목인데 이 계층이 붕괴되고 소멸하고 있어요. 에너지가 사라지고 있는 겁니다. 그렇다고 보수에게 어떤 변화의 실마리를 기대하긴 더욱 어려운 상황입니다.

◆ **김부겸** 염치와 예의를 잃지 않는 게 원래 보수입니다. 위기 앞에서는 목숨도 내놓지요. 오귀스트 로댕의 '칼레의 시민'이라는 작품에는 생생한 교훈이 담겨 있습니다. 목숨을 내놓을 자가 여섯 명만 된다면 벌하지 않겠다고 하니 시장, 시의회 의장, 가장 부유한 시민 등 지도자들이 먼저 나섭니다. 그런데 그 얼굴들은 전혀 고통스럽지 않게

표현되어 있어요. 단지 작가의 상상이나 기대를 표현한 게 아닙니다. 아주 사실적입니다.

●김태훈 유럽의 보수주의자들이 우아하다는 것은 물질적 풍요보다 명예를 선택했기 때문입니다. 이게 허세가 아니라 당연한 책무로 받아들여졌다는 게 무척 부럽습니다. 도덕적인 보수주의자를 가진 나라가 허약했던 적은 없었습니다.

◆김부겸 우리는 흔히 이렇게 말합니다. "돈과 권력과 명예를 다 갖기 어렵다." 하지만 우리의 역사는 책임자가 책임을 지고 과감하게 자신을 던지는 장면을 거의 남기지 못했습니다. 임금은 도망가기 바쁘고, 장수들은 서로 모함하기 급급하며, 정치가들은 누구의 편에 서는 게 유리한지 눈치 보며 탁상공론에 급급했거든요. 예나 지금이나 뭐가 있어 자부심을 느끼겠습니까?

●김태훈 나라는 이 모양 이 꼴인데 창피한 걸 아는 사람이 없다는데 대한 분노도 있습니다.

◆김부겸 그나마 창피한 걸 알았던 사람은 고인이 되신 노무현 대통령입니다. 당시 상황들은 자기가 살아온 삶의 궤적에 비추어 용납할수 없었을 겁니다. 비록 자기의 흠이 작더라도 책임까지 부인할 순

없다, 함께 살아온 사람들의 삶에 누가 되는 거 아니냐. 이걸 '창피한 걸 알았던'이라고 표현했지만……. 그렇게 순수한 책임의식을 가졌던 지도자는 거의 없었습니다.

● **김태훈**　사회가 역동성을 갖고 변화하기 위해서는 중산층, 기층 민중 이런 사람들이 삶의 비전을 갖고 헌신할 수 있어야 하는데, 극단적인 양극화와 계층과 지역의 갈등이 이를 막고 있습니다. 유명한 명제가 있습니다. "가난한 사람들이 왜 부자의 이익을 대변하는 정당에 투표하는가?" 당장 내일을 견딜 하루치의 힘도 없는 상황에 내몰린 사람들이기에 변화를 선택할 수 없는, 자조적인 상황이라는 겁니다. 이게 단지 극단적 이데올로기 교육이나 지역 정서 조장 때문일까요? 아니면 마약 같은 환상 때문일까요?

지난 대선에서 경제민주화에 대한 담론들이 만들어졌지만 선거가 끝난 뒤에는 공허한 추억이 되어 버렸습니다. 지금의 정치권은 무시무시한 핵이라도 터트릴 듯 말은 무성하지만 정작 새총 하나면 충분할 국지적인 싸움만 하고 있습니다. 전쟁은 벌어졌는데 흡사 바람에 휘황찬란하게 날리는 깃발이 없는 느낌입니다.

◆ **김부겸**　김 선생님의 말씀은 우리 현실에 대한 우울한 진단이며 숨길 수 없는 치부입니다. 싫지만 부정할 수도 없고요. 중산층만 에너지를 잃어버린 것은 아닙니다. 모든 계층과 세대들이 다 잃어버렸어

요. 분노는 좌절을 낳고 좌절은 극단적 행동을 잉태합니다. 세계 최고의 자살률, 타인에 대한 묻지마 폭력, 극단적 이기주의 등등 그 형태는 다양합니다. 어느 누구도 간단히 수습할 수 있는 방안이 없고, 책임을 지지도 않습니다.

● **김태훈**　정치적 이익을 위해서 이것을 조장하고 이용하는 이들도 있습니다.

◆ **김부겸**　스스로 만든 권위가 아닌 국민들이 부여해 준 권위를 가졌던 어른들인 함석헌 선생, 김수환 추기경, 성철 스님, 강원룡 목사 같은 거인들이 계셨던 시절은 갔습니다. 정치적으로는 3김(三金)으로 대변되는, 현대사와 자신의 삶을 일치시켜 투신했던 거물 정치인의 시대도 갔지요. 지금은 백설 공주는 없고 난쟁이들만 옹기종기 모여 있습니다. '자영업 정치인'들과 그들보다 덩치만 살짝 더 큰 수준의 리더들, 이런 정도를 갖고는 국민들에게 미래를 열어 보이겠다고 자신할 수 없습니다. 중산층이 분노하고 있어요. 이럴 때는 우리가 품고 가야 할 미래의 꿈과 비전을 호소하는 우렁찬 목소리가 필요합니다.

● **김태훈**　그런 의미에서 봤을 때 지금 필요한 것은 국지적인 정책에 대한 이해의 문제가 아니라 비전의 문제라 생각합니다. 말씀하신 것처럼 그렇게 거창한 것만은 아닙니다. "우리가 살아야 할 미래의 사

회는 이렇게 되어야 한다, 될 수 있다, 그것을 이렇게 준비하자. 내가 이걸 책임질 테니 당신들은 저걸 해 주시오." 이런 뜨거운 가슴과 열정의 나눔이 아닐까 싶습니다. 차갑게 식어 버린 우리 젊은이들의 가슴에 불을 질러 줄 수 있는 그 무엇, 그 무엇을 지금의 정치는 정말 줄 수 없는 겁니까?

◆ **김부겸** 정치가 자기 앞가림도 못하고 있고 무엇보다 신뢰를 잃었다는 게 치명적입니다. 단번에 원샷 해결은 못 하더라도 정치 주체들이 양심과 의지를 갖고 합의를 만들어 가야 합니다. 적어도 그런 가능성은 보여 주어야 합니다. 사람이 바뀔 수도 있고 크게는 정권이 바뀔 수도 있지만 국가 공동체의 미래를 위한 양심적 고민과 합의는 절대 흔들리지 않겠구나, 이런 정책은 무조건 가겠구나, 이래야 국민들이 여야 진영을 떠나 지역을 떠나 계층을 떠나 믿음과 신뢰를 주는 겁니다.

그런데 아주 쉬운 문제들에도 합의를 못 합니다. 국가가 이 정도도 못 해 주나? 이런 문제들에 대해서도 자기 진영의 유불리를 따져요. 정치가 이 지경인데 국민 개개인의 마음을 묶고 공유할 수 있는 시대의 비전이 만들어질 수 있겠습니까? 통일 같은 거창한 어젠다는 감동적입니다. 민족사적 측면에서도 아주 중요하지요. 그러나 당장 우리 삶에 어떤 변화를 가져올 것이라는 처방과는 다소 거리가 있습니다.

● **김태훈** 국회와 청와대에는 소위 '잘난' 분들이 넘쳐나는데 우리 사회의 근간을 이루는 이런 기초적인 문제들조차 합의 불능이라는 데 놀라지 않을 수 없습니다. 어떤 정치 세력이 정권을 잡아야 하는가의 문제를 넘어 권력이라는 힘에 어떤 고민을 담아야 하는가를 묻지 않을 수 없습니다.

대학에 가서 젊은 친구들과 대화를 나누다 보면 자연스럽게 꿈과 직업에 대한 이야기를 하게 됩니다. 사실 어린 시절부터 지겹도록 받아왔던 질문입니다. 과학자, 대통령, 군인, 선생님 등이 인기 순위를 다툽니다. '나라를 지키고 싶다', '나라를 부강하게 만들고 싶다', '과학적 성과를 이루어서 대한민국을 선진국으로 만들고 싶다'와 같은 아주 멋진 이유들이 답으로 등장합니다. 공식 같은 문답이지만 훈훈했지요.

그런데 최근 학생들의 답은 달라졌습니다. 공무원, 교사, 공기업 직원 같은 것들이 대부분입니다. 이게 이상하거나 나쁘다는 게 아니라 가장 도전적이고 이상적인 꿈을 표출해야 할 젊은층이 가장 보수적이고 안정적인 직업만을 갈구하고 있다는 겁니다. 한 나라의 미래 세대가 꿈을 잃고 가치를 잃어버린 것만큼 큰 위기가 또 있을까요? 경제만 떼어 놓고 본다면 대한민국은 최빈국에서 최상위 국가의 수준으로 올라섰는데 꿈과 희망을 놓고 본다면 그 반대입니다.

비행 항로에서는 '터닝 포인트'라는 게 있습니다. 일반적으로 반환점이라고 부르기도 하는데 사실 터닝 포인트의 정확한 의미는 어느 지점을 지나가면 더 이상 회항할 수 없는, 기름이 부족해 무조건 앞으로 달려야만 하는 기점을 말합니다. 제가 오늘의 젊은 세대에게서 느끼는 위기감이 그런 것들입니다. 유명한 저널리스트인 다니엘 튜더가 쓴《기적을 이룬 나라 기쁨을 잃은 나라》라는 책에서도 자세히 서술되어 있지만 젊은이들의 좌절이라든지, 사회적 양극화에서 온 분노라든지, 젊은층이 급속히 보수화되는 성향이라든지, 결국 이것이 어느 정도 시점이 지나면 되돌릴 수 없는 터닝 포인트를 지나 버리는 것이 아닌가, 그런 위기감이 느껴질 때가 있습니다.

나이 드신 분들보다 젊은층과의 대화가 더 힘들 때가 많습니다. 더 이상 타인이라든지 사회의 변화라든지 이런 것을 믿지 않는 젊은 세대의 등장은 비극입니다. 일본에서는 '득도세대(사토리, さとり)'가 등장했지요. 흔히 말하는 '초식남'과 거의 같은 의미입니다. 차나 명품, 해외여행에 흥미가 없고 돈이나 출세에도 관심 없는 부류입니다. 1980년대 후반 이후에 태어난 10~20대 중반 세대가 여기에 해당되는데요, 옆 사람도 가난하기 때문에 행복하다고 생각할 정도랍니다.

◆**김부겸** 왕조가 창업한 지 한 세대 혹은 두 세대 정도가 지나면 새로운 제도가 정착되면서 문화가 꽃을 피웁니다. 중국의 역대 왕조들은 대개 창업 후 100년 정도에서 전성기를 누렸습니다. 대한민국은 식민지 해방 70년을 지나면서 세계사에 유례없는 성취를 이루었습니다. 제2차 세계대전 종전 후, 이 정도 수준의 민주화와 경제 성장

을 동시에 이룬 나라는 없었습니다. 이는 누구도 부인할 수 없는 사실입니다.

업적과 성취가 참 놀랍긴 한데 어떤 사회나 문명이든 역사의 경험으로 합의할 수 있는 것, 사회적 합의 같은 것들에 있어 미숙한 것은 사실입니다. 이를테면 공공의 연대, 즉 더불어 살기 위한 배려와 나눔 같은 것들입니다. 소수의 부자와 다수의 가난한 사람들이 존재하는 건 대부분의 나라에서 공통적인 겁니다. 하지만 나만 잘살면 된다고 생각하느냐, 아니면 나만 잘살아서 되는 문제가 아니라고 생각하느냐는 나라마다 다릅니다. 그게 중요한 차이입니다. 나만 잘살아서는 행복한 나라가 아니라는 것을 선진국들은 이미 오래전부터 깨닫기 시작했어요. 물론 세계대전이라는 전쟁의 영향도 컸습니다.

우리는 70년의 시간을 허겁지겁 건너뛰면서 겪어 냈습니다. 독재 권력의 횡포에 인권이 유린당하는 것도 봤고, 지독한 계급 차별과 계층, 지역 대립도 경험했지요. 그렇지만 그 모든 문제의 해결을 '경제 발전'과 '시간'에만 맡겨 두었습니다. 시간이 지나고 선진국이 되면 저절로 해결될 줄 알았는데 아닌 겁니다.

인간은 욕망 덩어리입니다. 그 인간이 모인 사회도 마찬가지죠. 욕망은 발전을 위한 경쟁 유발이라는 긍정의 얼굴도 있지만 결코 해소되지 않는 탐욕과 불만족의 씨앗을 곳곳에 퍼뜨립니다. 인간과 그 인간이 모인 사회라는 것이 이렇게 복합적입니다. 모순으로 가득 찬 욕망의 덩어리인 거지요. 그런데 그런 현실을 인정하면서 정당하게 몫을 공유할 합의나 제도는 여전히 낮은 단계에 머물러 있습니다. 전쟁의 아픔과 공동체의 갈등은 그 어떤 나라 못지않게 많이 겪었는데, 치유와 합의의 수준은 경험의 강도에 비해 너무 미약합니다.

6
개천에서
용이
사라진 나라

무엇보다 '보편적 복지'라는 명분에
매달리지 않아야 합니다.
가난하고 힘든 사람들에게 실제 소득 증가로 기여되는
그런 복지체계가 필요합니다.
일할 기회와 소득이 현실의 구조에서 훨씬 많이 늘어난다면
개천에서 용을 키울 수 있는 힘이 생기지 않겠습니까?

§

●**김태훈** 대구 이야기를 나누면서 독일 뮌헨이라는 도시의 매력에 대해 잠깐 언급하셨습니다. 젊은층, 특히 문화 쪽에 종사하는 사람들에게도 독일은 굉장히 큰 화두입니다. 예술가들이 독일로 많이 가고 있습니다. 독일이 유럽을 다 먹여 살린다고 말합니다. 독일과 뮌헨이란 도시가 계속해서 발전하는 것은 어떤 요인 때문입니까?

◆**김부겸** 솔직히 '신자유주의'는 실패했습니다. 새로운 모델을 찾아야 합니다. 그 모델은 반드시 성장과 분배가 해결되는 시스템을 갖추어야 하는데 그나마 우리가 현실에서 그 비슷한 답을 찾고자 하면 그런 나라는 독일밖에 없는 것 같습니다. 독일이 갖고 있는 제조업 기술력, 투자, 직업 시스템, 교육 제도 같은 것이 원천적인 힘이 되고 있습니다.

무엇보다 지도자를 비롯한 정치인들이 주어진 과제들을 정직하게 또박또박 잘 처리한다는 점이 최고의 강점이지요. 고집은 있지만 외골수로 치닫지도 않고, 그렇다고 아무데나 기웃거리지 않고, 그렇게 정체성을 지키면서도 배타적이지 않습니다. 그러다 보니 늘 활력이 넘쳐요. 과학기술 연구소도 많은데 그게 문화, 예술, 역사와 융합되

어 어우러져 있습니다. 깜짝 놀랐어요. 축구나 좀 잘하는 그런 곳인
줄 알았는데…….

● 김태훈 전통을 지키면서도 도전을 위한 활력을 잃지 않는다는 것
은 대단한 힘입니다. 결국 그런 힘이 가능한 것은 각각의 세대들이
건강하다는 것으로 해석됩니다. 오래도록 대한민국 장안의 소문난
선생님들과 선배들이 공통적으로 전파하는 신화가 있었습니다. "예
전에는 네 시간 자고 공부했다. 주경야독은 기본이다. 세상에 노력해
서 안 되는 것은 없고 불가능은 존재하지 않는다. 그러므로 너희들도
할 수 있다."
그러나 오늘의 젊은이들에게 그런 허무맹랑한 신화 따위는 더 이상
희망과 위로가 되지 않습니다. '위로'와 '힐링'이 멋진 대체제가 되었
습니다만, 이건 사실 도피에 불과하지 않을까요? 청춘들이 저렇게
딜레마에 빠져 있는 걸 보면 앞선 시대가 거쳐야 했던 나름 치열했
던 역사들이 더 이상 유효하지 않다는 생각입니다. 그런 이야기들이
이제는 화석화된 상징처럼 느껴질 때가 있습니다.

◆ 김부겸 1979년에 개봉된 〈내일 또 내일〉이라는 영화가 있습니다. 이
덕화 씨가 주연이었지요. 무척 가난했던 한 청년이 기적 같은 성공의
길을 달리다가 끝내 좌절하는 이야기입니다. 동명(同名)의 소설이 원
작인데 당시에는 비슷한 기승전결의 이야기들이 많이 등장했습니다.

역사 이래 성공에 대한 열망은 인간이 갖는 가장 강렬한 에너지였습니다. 자본주의가 극도로 팽창하던 서양의 근대화 과정에서도 문학 작품의 중요한 소재가 되었지요. 그런데 어느 순간, 도저히 넘을 수 없는 허들이 생기고 좌절하는 사람들이 속출하기 시작했습니다. 정치가들은 그들이 통치하는 사회가 모두에게 성공과 영광을 허락하는 것처럼 선전했지만 솔직히 엉터리 메시지가 된 것입니다.

● 김태훈　국회에 계실 때는 교육위원회 상임위원장도 하셨습니다. 세 따님을 키우셨고 느끼신 점도 많으실 겁니다. 어떻습니까? 요즘 부모들의 가장 큰 고민은 아무래도 자녀의 교육과 장래에 관한 부분일 텐데요. 공부를 못해도 고민이고 공부를 잘해도 고민이라고 합니다. 잘하면 더 잘하게 밀어주어야 하는데 이건 본인의 의지는 물론 부모의 경제력과도 밀접한 관련이 있기 때문입니다.

◆ 김부겸　난 학자도 아니고 교육자도 아니지만 교육은 '개천에서 용이 날 수' 있는 시스템이어야 한다고 생각합니다. 그래야 사회의 건강성이 유지되고 국민들의 삶에 역동성이 생깁니다. 그런데 어느 순간 개천은 넘치는데 용이 사라져 버렸어요. 부모의 사회적 위치와 소득이 아이들의 미래를 결정합니다. 거의 세습 사회로 가는 겁니다. 최근 새정치민주연합 유기홍 의원실에서 발표한 자료를 보니 전국에서 집값이 낮은 43곳의 지역에서는 서울대학교 입학자가 '0명'이

었습니다. 신임 법관 배출지역 1~2위는 강남과 서초였고요. 이래서는 건강한 사회를 유지하는 게 불가능합니다.

국가는 이런 한계를 보완할 수 있는 제도를 고안해야 합니다. 하지만 정책적으로 거의 유의미한 것은 서울대학교 정운찬 총장 시기에 '지역균형선발제'를 도입한 것밖에 없습니다. 전북대학교 반상진 교수가 발표한 자료를 보니까 소득에 따른 대학 진학률이 무려 20퍼센트나 차이 납니다. 심지어 스펙, 이른바 학벌을 자랑할 수 있는 서울의 10여 개 대학을 기준으로 보면 최상위 소득계층과 최하위 소득계층 간의 격차가 무려 30대 1입니다.

●**김태훈** 문제의 인식에서는 공감하지만 역시 방법이 문제입니다. 개천에서 용이 나는 사회가 되려면 어떻게 해야 하는 겁니까? 자본주의 구도에서 제도의 개선만으로 가능한 일입니까?

◆**김부겸** 소득과 분배의 불평등 확산이 문제입니다. 이 문제를 해결해야 합니다. 무엇보다 '보편적 복지'라는 명분에 매달리지 않아야 합니다. 가난하고 힘든 사람들에게 실제 소득 증가로 기여되는 그런 복지 체계가 필요합니다. 일할 기회와 소득이 현실의 구조에서 훨씬 많이 늘어난다면 개천에서 용을 키울 수 있는 힘이 생기지 않겠습니까?

교육에 대한 투자의 질과 양을 혁신적으로 개선할 필요도 있습니다. 국가가 투자를 너무 안 합니다. 사교육이 아이들의 미래를 결정하는 이 왜곡된 상황을 타파하려면 부분적인 개선으로는 안 됩니다. 공교육 전반을 다시 설계해야 합니다. 취업에 있어서도 지역계층할당제를 통해서라도 저소득층과 지역에 대한 특별한 배려를 해야 합니다.

● **김태훈** 말씀처럼 사회 공동체 속에서 서로의 간극이 커져 가고 있습니다. 그런데 그 간극을 좁히려는 아이디어는 많이 부족합니다. 서로가 서로를 완전히 배척하거나 포기했다는 생각이 들 정도입니다. 미국의 선거 캠페인 중에는 굉장히 재미있는 것들이 많습니다. 한 후보자가 스웨터를 입고 벽난로 앞에서 개를 쓰다듬는 장면을 텔레비전 광고로 내보냈습니다. 미국의 중산층 정서를 대변한 겁니다. 작은 예일 뿐이지만 우리가 아는 것 이상으로 미국 사회는 보수적입니다. 정치뿐만이 아닙니다. 엘비스 프레슬리가 1956년에 데뷔를 하면서 다리를 흔들고 노래를 흥얼거렸는데, 그런 동작들이 불편하게 받아들여졌는지 카메라가 하체는 잡지 않고 상체만 잡아 줬어요. 프랭크 시나트라를 비롯한 당대의 연예계 거물들이 엘비스 프레슬리를 못마땅하게 여겨 매장시키려고까지 했습니다. 당시 톰 파커라는 유명한 매니저가 있었는데 엘비스 프레슬리를 2년 동안 군대에 보내 버렸습니다. 엘비스가 연예계 활동을 하면서 찍은 사진 만큼이나 군대에서 찍은 사진이 많은데 일부러 유포해서 그런 겁니다.

◆ **김부겸** 애국심과 가수로서의 중요한 시간을 교환한 거군요. 그게

어떤 설득 효과가 있었습니까?

● 김태훈   사실 엘비스의 경우, 데뷔에 관한 일화부터 만들어지고 포
장된 것들이 많습니다. 엘비스가 평범한 트럭 운전수였는데 어머니
의 생일 선물로 레코드판을 녹음하러 갔다가 스카우트된 것이라는
이야기가 대표적입니다. 저항적인 젊은이들에 의해서 기성세대들이
배척당하고 기성세대들은 이런 젊은이들을 적대시하는 분위기가 만
연하자 이를 돌파할 수 있는 '스토리'를 만들어 낸 겁니다. "엘비스
는 부모님에게 생일 선물을 하는 착한 청년, 군대에 가서 국가에 충
성하는 예의 바른 청년이다. 이 청년은 여러분들을 해치지 않는다."
이런 식으로 말입니다.

실제로 1960년 제대 이후 엘비스의 음악 스타일은 변합니다. 격렬한
로큰롤에서 부드러운 스탠더드 팝이 주류를 이룹니다. 그 뒤의 엘비
스 음악들은 거의 발라드 일색입니다. 'love me tender' 같은 노래
말입니다.

흔히 로큰롤을 저항음악의 상징이라고 하는데 사실은 그냥 댄스음
악입니다. 기성세대들이 로큰롤을 좋아하는 젊은 세대가 못마땅했
던 것뿐이고, 젊은 세대도 기성세대가 답답하니 말 안 듣고 저항한
겁니다. 로큰롤은 음악적 본질과 상관없이 젊은 세대가 좋아한다는
이유만으로 졸지에 저항음악이 되었습니다.

제2차 세계대전 이후 미국에서 부모세대들의 힘이 가장 컸던 시기가

1950년대입니다. 도덕적 우월성이 있었지요. 전쟁에서 이겼다는 자부심도 강했고. 하지만 이 시기 젊은 세대는 이전 세대가 겪지 못한 절망감에 사로잡혀 있었습니다.

◆ 김부겸 세계대전 후 급격한 경제 성장은 풍요라는 과일과 함께 소외와 부정이라는 독을 잉태하기도 했습니다. 그 지점에서의 충돌은 이전, 이후 세대가 겪어 보지 못한 극심한 갈등을 낳기도 했고요. 음악이든 문학이든 사실 모든 문화는 그런 순간에 찬란한 한 페이지를 만들기도 합니다.

● 김태훈 문화는 그렇게 새로운 꽃을 피웠을지 몰라도 젊은 세대들은 그 독에 신음한 듯합니다. 엘비스마저 배신하고 아이들이 숨 막혀 하고 있을 때 등장한 인물이 '비틀즈'였어요. 영국에서 건너온 그들 때문에 청년 문화에 다시 불이 붙기 시작했습니다.

◆ 김부겸 난 직접 보지 못했지만 폴 매카트니의 잠실 공연이 정말 대단했다는 기사를 봤습니다.

● 김태훈 어마어마했습니다. 대표곡인 'hey jude'는 존 레논이 떠난 뒤 오노 요코 이전 전처와의 사이에서 난 큰 아들 줄리앙을 위로하기 위해 만든 노래입니다. 폴 매카트니는 존 레논의 전처와 친했지

요. 지금도 축구 경기에서 응원가로 널리 애창되고 있습니다. 지금은 경기장에서 노래를 부르는 응원이 일반화되어 있는데, 1964년도 BBC 기록을 보면 리버풀 경기장에 울려 퍼지는 관중들의 노래를 리포터가 신기하다는 듯 이야기를 합니다. 이때 울려 퍼진 노래가 비틀즈의 'she loves you'였습니다.

◆ **김부겸** 몇 년 뒤 한국에서도 그 노래가 고등학교에서 응원가로 불렸습니다.

◆ **김태훈** 영국을 축구 종주국이라고 하는데 그 배경을 보면 우리가 생각하는 스포츠와는 다릅니다. 산업혁명 이후 우후죽순 공장들이 생겼는데 가내수공업에 익숙했던 사람들이 공장에서의 규칙이란 것을 납득하지 못했다고 합니다. 일어나고 밥 먹고 하던 시간이 다 달랐기 때문에 공장의 규율에 거부감이 많을 수밖에 없었어요. 그런데 45분 뛰고 15분 쉬고 발은 사용할 수 있지만 손은 사용하면 안 된다는 규칙을 쉽게 받아들였다고 합니다. 축구를 이용해 근대 시민 교육을 시작한 겁니다. 영국에서 근대 축구의 룰을 확립시켰기 때문에 영국을 축구의 종주국이라고 하는데 오늘날의 축구는 산업시대의 개막과 밀접한 연관이 있는 셈입니다.

◆ **김부겸** 전 세계 유일의 공용 언어가 축구라고 할 정도입니다. 가난

한 아프리카 부족 소년도 세계적인 축구 선수가 될 수 있는 것처럼 축구는 희망의 또 다른 상징이기도 하지요. 우리가 '사회의식(social consciousness)'이라는 단어를 처음 배울 때 예로 드는 게 그것입니다. 영국에서는 아버지가 퇴근할 때 아들을 축구장으로 불러 함께 응원합니다. 그러면서 아들은 자연스럽게 아버지의 길을 따라가지요. 내가 고등학교를 다니고 대학을 다닐 무렵에는 우리 사회에서 계층 상승이 심할 때였어요. 서울대학교의 신입생 3분의 2가 지방 출신이었습니다. 노력하면 된다는 인식을 가졌던 당시의 학생들에게 노동자의 아들이 노동자가 될 수밖에 없는 영국 사회를 설명하면서 이런 예들이 인용되었습니다.

● **김태훈**   그람시가 했던 유명한 말이 있습니다. "인간 행위의 최절정은 축구다." 운동과 놀이는 아이들에게 사회의 규칙을 가르치는 수단인데 지금 초등학교나 중학교, 고등학교 모두 운동장이 없어지고 있습니다. 이제는 아이들이 인터넷이나 온라인 게임을 통해 규칙을 배우고 있어요. 사람들과의 관계성이 없는 상태로 사회적 규칙을 배우게 된다는 것은 문제입니다. 예를 들어, 축구를 하다가 심한 반칙을 해서 누군가 넘어지는 일이 벌어지면 몰려와서 네가 잘했다, 내가 잘했다 이런 갑론을박이 벌어집니다. 그 사이에서 이견이 생기고 누군가는 타협을 시도하고 조정합니다. 이런 과정을 통해 룰을 익혀가고 대립 속에서 방향을 찾는 학습이 가능해지는데 현실은 이와 점점

멀어지고 있습니다.

예전에 비해서 훨씬 넓고 규격화된 운동장과 기능적인 기구가 갖춰진 놀이터가 생겼지만 옛날 골목만큼 아이들로 북적거리지 않습니다. 사회성, 규칙, 소통을 배울 수 있는 장소가 없습니다. 그것을 배울수 있는 장소가 학원이나 유치원 정도인데 이곳에서 배우는 것도 부모나 선생님이 지시한 룰에 의한 규칙성이지, 스스로 만들어 가는 규칙성은 아닙니다.

무엇보다 팀 개념이 없습니다. 학원이란 곳은 개인 중심의 경쟁 개념을 넘지 못합니다. 축구는 경쟁을 하지만 여러 명이 함께 경기를 함으로써 팀워크 개념이 존재하지 않습니까? 요즘 아이들은 게임을 하다가도 질 것 같으면 전원을 끄고 나가 버립니다. 나만 존재하고 상대는 존재하지 않습니다. 예전의 놀이들은 일단 시작되면 얼굴을 마주해야 했고 끝나고도 패배를 받아들이는 훈련이 가능했습니다. 그러나 지금은 절대적 승리와 절망적 패배만 존재합니다.

◆ **김부겸** 패배했을 때 자신을 추스르는 것이야말로 인간의 가장 극적인 성장과 전환점을 가져오는 것인데, 아쉬운 부분입니다.

● **김태훈** 성장이라는 것이 어떤 측면에서 보면 결핍과 좌절에서 시작되는 게 아니겠습니까? 지금의 몇몇 아이들은 그런 것이 부족합니다. 인내심이 없다 보니 욕망을 지연시킬 줄도 모릅니다. 어린이날

"뭐 사 줄까?" 물어보면 "생각해 보고요."라고 답합니다. 정말 생각한 게 없다는 것일까요, 아니면 필요한 게 없다는 의미일까요? 예전 아이들은 그 나이 때는 일 년 전부터 기다리던 것들이 있었습니다. 인내하고 기다리던 것들을 얻게 되었을 때의 성취감, 그런 것을 느껴야 하는데 지금은 사 달라면 바로 사 주니까 인내할 필요가 없는 겁니다.

◆ **김부겸** 결핍, 패배, 좌절의 극복을 통해 한 인간이 도전적 멘탈리티를 완성해 가는데 그런 과정을 경험할 수 없는 불행한 세대라는 말씀이군요.

> "당신들에게 놓인 현실의 문제들은
> 혼자 노력해서 풀리지 않는다.
> 사회가 응답해야 하고, 답을 주어야 한다.
> 그렇다고 당신들의 노력이
> 소홀해도 된다는 것은 아니다."

● **김태훈** 그렇습니다. 그것이 진정한 어른을 만드는 과정인데 어른들에 의해 그 과정이 생략된 불행한 세대가 만들어지고 있는 겁니다.

어린 시절의 기억은 행복할 수 있겠지만, 어른이 된 후 자신의 욕망대로 움직일 수 없는 어떤 순간이 왔을 때는, 막상 버텨 낼 능력이 없는 겁니다. 훈련의 과정이 없었기 때문입니다.

이런 문제들에도 불구하고 젊을 세대는 우리 사회의 중심입니다. 그들에 대한 기대는 무엇인가요? 사윗감을 처음 봤을 때 무슨 이야기를 하셨습니까?

◆ **김부겸** "내 딸 밥은 먹여 살릴 수 있겠는가?" 그랬더니 지금은 많이 벌지 못하지만 밥은 안 굶긴다고 대답하더군요. 내가 젊은 세대들과의 만남에서 깊은 좌절을 느끼는 순간은 함께 노래방에 갔을 때입니다. 도저히 따라갈 수가 없어요. (웃음) 나는 보기와 달리 유쾌한 사람입니다. 누구와도 잘 어울려요. 그런데 아이들 리듬을 못 따라가니까, 노래방만 가면 기가 죽습니다.

그렇게 노래도 잘하고 춤도 잘 추는 아이들인데 꿈과 희망에 관한 이야기만 나오면 폭삭 늙은이가 되어 어깨가 처집니다. 힘들어하는 기색이 역력합니다. 무엇을 요구하고 기대한다기보다는 그 친구들에게 어떻게 하면 삶의 열정을 돌려줄 수 있을까, 그런 고민을 많이 합니다.

● **김태훈** 그럼에도 불구하고 나누고 싶은 이야기가 있으리라 생각합니다. 나도 40대지만 생각 외로 해 줄 수 있는 이야기가 많지 않습니

다. 그래서 "미안하다, 열심히 해 주려고 했는데 이 정도밖에 만들지 못한 세대로서 정말 미안하다. 하지만 다음 시간은 너희들의 시간인 만큼 너희들이 바꾸어야 한다." 겨우 이 정도 얘기를 무책임하게 지껄일 뿐입니다

◆**김부겸** 기회가 있을 때마다 이렇게 말해 왔어요. "당신들에게 놓인 현실의 문제들은 혼자 노력해서 풀리지 않는다. 사회가 응답해야 하고, 답을 주어야 한다. 그렇다고 당신들 개개인의 노력이 소홀해도 된다는 것은 아니다. 당신들의 분노, 불만이 표출되어야만 하는데 그건 바로 최선을 다하는 모습을 보여 주는 것이다. 그래야 사회가 반성하고 문제를 의식한다. 스펙도 쌓고 공부도 열심히 했는데 받아 주는 곳이 없는 우스꽝스러운 현실, 그 원인을 부모와 어른들은 모를 수 있다. 그냥 있는 밥그릇 계속 차지하고 먹으면 되지, 그렇게 생각하는 경우도 있다. 당신들의 꿈이 좌절되고, 희망이 사라져 가고, 삶이 점점 축소된다는 점에 대해서도 정말 모를 수 있다. 당신들이 목소리를 모으지 않으면 절대 알릴 수 없다. 그러니 열심히 살아라, 그리고 철저하게 인식하라, 필요한 순간에는 목소리도 높여라. 그러기 위해서는 혼자가 아니라 전체 속에서 생각하고 말하는 훈련도 쌓아야 한다."

◆**김태훈** "혼자가 아니라 전체 속에서 생각하고 말하라." 무척 중요

한 말씀입니다. 신자유주의의 책임론이나 경쟁 사회의 극단적인 선전들이 원자화를 촉진시켰습니다. 결국 내 옆에 있는 사람이 내 경쟁자라는 부분을 집요하게 세뇌시키는 겁니다. 예전에는 대학 축제를 대동제라고 불렀는데 최근 대학에선 이 '대동제'가 사라졌습니다. 같이 어우러지는 형태가 아니라 아이돌 그룹 불러서 대리만족하고 개별적으로 즐기는 형태들입니다. 나도 '의식과 연대화'를 이야기해 주고 싶습니다. 시대를 바꾸기 위해서는 의식하고 연대해야 합니다.

◆ **김부겸** 민주공화국에서 개인의 자유와 의지는 절대적으로 존중되어야 합니다. 그러나 삶 하나하나에 관여하고 영향을 끼치는 법과 제도가 존재하는 한 개인에게만 성공과 실패의 책임을 오롯이 물을 수는 없습니다. 공적 영역이 중요합니다. 그러니 우리 모두의 문제로 여겨야 합니다.

어쨌든 사회적 이슈로 띄우는 것이 중요합니다. 그래야 사람들이 반응합니다. 오프라인이든 온라인이든 의견을 모아야 하고, 그럴 수 있는 도구와 기회가 젊은이들에게 있습니다. 과거 우리들 앞에 놓인 절대 화두이자 요구는 '민주주의'였습니다. 타는 목마름으로, 진짜 절실했지요. 정말 울고 싶을 때는 화장실 벽에 '민주주의여 영원하라' 이렇게 쓰면서 스스로를 달랬는데 그게 불과 30년 전 이야기입니다. 오늘의 절박한 현실에 대해 누가 외치고 무어라 답하겠습니까?

● **김태훈**　내 아버님은 책을 무척 좋아했습니다. 브리태니커에서 나온 전집이 있었는데 중간에 한 권이 사라진 겁니다. 그래서 내가 없어진 한 권은 어디에 있느냐고 물었더니 웃으셨습니다. 그러고는 "없어진 한 권이 무슨 책이고 어디에 갔는지 알게 되면 네 마음대로 살아라." 그러시더군요. 그때는 무슨 이야기인지 몰랐습니다.

대학에 갔고 1학년 2학기 때 학생회에 들어가 운동권에 있었습니다. 그때서야 뭔지 알 것 같았습니다. "없어진 책이 《마르크스와 엥겔스》죠? 박정희 시대에 수입한 것일 테니 당연히 빠져 있을 것입니다." 이렇게 말씀드렸더니 "네 마음대로 살라."고 하셨습니다.

부모세대가 아들에게 품었던, 저놈이 언제 큰단 말인가, 세상을 언제 이해하게 될 것인가, 그런 기대들은 사실 가슴 저린 겁니다. 아버지는 보수적인 분이셨지만 내가 학교에서 한 일들에 대해 단 한 번도 추궁이나 반대의사를 표현한 적이 없습니다. 지금의 젊은이들과 기성세대가 이야기하는 방식이 그래야 하지 않을까, 그런 생각이 듭니다. 과거 세대들은 자신들이 살아갈 세상에 대해 감도 잡을 수 없었습니다. 선배들도 그런 이야기를 많이 하십니다. 그러니 누군가에게 충고를 늘어놓거나 받기보다는 스스로의 감각을 믿을 수밖에 없었습니다. 그럼에도 언제나 미래가 불투명해 불안해하는 건 마찬가지였죠.

◆ **김부겸**　소통의 결과에 급급하기보다는 소통의 방식을 바꿔야 합니

다. 나는 목표가 주어진, 내몰린 삶을 살았지만 딸들에게는 강요하지 않았습니다. 둘째딸이 어릴 때부터 합창단을 했고, 그쪽 전공으로 대학엘 가서 빠르게 성장했습니다. 셋째도 현재 영어교육과에 다닙니다. 나는 늘 이렇게 말합니다. "네가 무엇을 하든 상관없다만 대충하면 안 된다. 대학 시절 어떤 분야에서 발군의 실력을 보인 친구들이 지금도 그 자리에서 뛰어난 모습을 보이고 있다. 얼마나 무서운 현실인가! 너 역시 무언가를 적당하게 한다고 생각하면 그건 이미 부족한 것이다." 그런 이야기는 합니다.

나는 노무현 정권에서
소위 돈을 풀어 경기를 활성화시키고
부동산 고삐를 풀어버리는 것에는
끝까지 반대했었습니다.
그렇게 만들어진 인플레 압력은 당대는 물론
훗날에도 큰 짐이 되기 때문이지요.

● **김태훈**　아무래도 젊은 세대의 가장 큰 고민은 진로입니다. 앞에서도 말했듯이 선호하는 직업 1순위는 공무원, 학교 선생님이더군요. 안정적이라는 겁니다. 공공의 이익을 위해서 종사하는 사람들이기

에 안정적인 신분을 보장해 주는 것인데, 안정성만을 바라면서 선택한 직업에서 공공의 이익을 위한 헌신이 나올 것이냐에 대해서는 다소 회의적입니다.

안정적이라는 것은 가장 이기적인 형태의 한 단면이니까 말입니다. 물론 모든 사람들의 삶이 단정하고, 공공성이 있고, 연대성이 있고 그럴 수는 없을 겁니다. 그러나 대부분 선진국에서는 어느 정도 합의를 만든 가치들입니다. 우리만 무시하고 '각자 열심히 살면 된다'고 할 수는 없습니다.

◆ 김부겸 미국의 예를 들자면 그쪽 공무원도 박봉에 시달리는 건 마찬가지입니다. 그러나 공공을 위한 헌신과 희생에는 전폭적인 지지를 아끼지 않습니다. '히어로'라는 칭호를 붙여 주고, 가족들도 함께 영예를 누리도록 해 주지요. 안정성이라는 것은 절대적인 게 아니라 상대적입니다. 공공을 위한 헌신과 노력에 대한 대가이지 공무원 시험 합격에 대한 보상은 아닙니다.

● 김태훈 보수층과 기성세대들에게 가장 큰 핵심 어젠다가 '안보'라면 젊은 세대들에게는 양질의 '일자리 창출'입니다. 민주정권이라고 불리는 김대중, 노무현 집권 10년 동안 일자리 창출을 위한 노력을 많이 했습니다. 그럼에도 제대로 피부 깊숙이 느낄 수 있게 해 주었느냐? 그렇게 묻는다면 사실 실망스러운 부분들이 많습니다.

그런데 이 문제가 이제는 전 세대와 계층의 문제로 번졌습니다. 급속한 노령화의 위기는 인생의 한 고비를 넘기며 생존한 중장년층에게 새로운 고비로 다가왔습니다. 집값이 오르지 않을 것이라는 전문가들의 의견에도 계속 집 쪽으로 눈을 돌릴 수밖에 없어요. 다른 수단이 마땅치 않습니다. 그들에게 월급을 줄 수 있는 일자리가 없습니다. 저금리에 은행 이자는 2퍼센트 미만, 10억 원의 현금 자산이 있어도 일 년에 받을 수 있는 금융소득이 2천만 원 정도입니다. 또 여기에서 세금을 빼야지요. 10억 원을 가지고 있어도 온전한 한 달 생활이 어렵습니다.

어떤 경제학자가 이렇게 말했습니다. "10억 자산을 모으려고 노력하는 것보다 60이 넘어도 150만 원이나 200만 원을 받을 수 있는 직장을 갖는 것이 훨씬 유리하다." 그래서 선거 때마다 아파트 값을 누가 올려 줄 것인가가 표를 움직인다는 분석은 결코 웃고 넘길 이야기가 아닙니다.

◆ **김부겸**　정책 이벤트를 통해서 아파트 시세가 일시적으로 올라갈 수는 있습니다. 그러나 문제는 비싼 아파트를 선뜻 구입할 신규 고객을 붕어빵 찍듯 만들기는 어렵다는 겁니다. 아파트가 과거처럼 투기의 대상이 아니라 렌트(월세)의 개념으로 이동할 것인데, 지금 가격은 좀 터무니없습니다.

임대를 통한 기대수익도 현실화되어야 미래세대들이 감당할 수 있을 겁니다. 한 달에 300만 원 받아서 주거비용으로 100만 원을 털면 견딜 수가 없습니다. 합당한 조정 과정이 있어야 합니다. 지금이 아마 그 초입인 것 같아요. 한국 경제가 일본형 저성장의 함정에 빠지게 되고 따라서 여러 가지 위기가 온다는 예측들이 나오는데 만약이게 맞다면 주거 문제야말로 핵폭탄이 됩니다. 의식주는 한 인간의 삶을 결정하는 중요한 기둥이고 그 가운데서도 주거는 가장 많은 비용을 차지합니다. 지금 정부는 임대주택 정책을 확실히 하겠다는 정책도 없고, 그렇다고 부동산 투기를 통한 불로소득을 차단할 단호한 의지도 없습니다. 우선 돈 풀 테니까 아파트부터 사라, 이런 정책을 결코 오래 지속할 수는 없습니다.

● **김태훈** 최근 어떤 은행장을 만났는데 이런 이야기를 하더군요. "빚이 없으면 집을 사십시오. 장기적으로 오를 겁니다." 장기적으로 오를 겁니다? 장기적이라는 것이 20년이 될지 30년이 될지, 기준이 없는데 말입니다. 말하자면 결국 물가는 오르니까 집값도 오른다는 봉사 문고리 잡기 식의 권유를 하는 겁니다.

◆ **김부겸** 대한민국 사람들은 부동산이 제일 안전한 금고라고 생각합니다. 조상 대대로 내려온 땅에 대한 강한 애착이 있어 그것을 부인하지 못합니다. 그러나 지금은 고정된 지가의 상승이 아닌 부가가치 생산을 통해 먹고살아야 하는 시대입니다. 재산 증식을 위한 일부 수

단이 될 수 있겠지만 경제의 성장 동력을 부동산이 대신할 수는 없습니다. 어느 순간 부동산 가격의 허상이 드러나기 시작하면, 그때는 정말 어떻게 할 것이며 누가 책임질 수 있습니까?

지난 정권마다 폭탄 돌리기를 했습니다. 노무현 대통령 시절의 정책에 대한 평가는 긍정과 부정이 교차하지만, 나는 당시에 소위 돈을 풀어 경기를 활성화시키고 부동산 고삐를 풀어 버리는 것에는 끝까지 반대했었습니다. 다행히 노 대통령께서도 그런 원칙을 끝까지 견지하셨고요. 그렇게 만들어진 인플레 압력은 당대는 물론이고 훗날에도 큰 짐이 되기 때문입니다.

● 김태훈   최근 쏟아지는 부동산 대책들을 보면 이런 일화가 떠오릅니다. 미국의 옐로스톤 국립공원에서 산불이 자주 발생했답니다. 열심히 진화했는데 산불의 규모가 더 커지고 횟수도 빈번해지더라는 겁니다. 이런 상황을 경험하면서 거주지역이나 사람들에게 피해를 주지 않는 한 산불에 개입하지 않는다는 정책으로 바꾸었는데 오히려 산불의 횟수와 규모가 더 작아졌답니다.

◆ 김부겸   입목(立木)들의 밀집도가 심하면 자기들끼리 마찰에 의해서 자연적인 불이 나는데, 이걸 진화하지 않고 두면 적절하게 자연 생태계를 유지하는 방향으로 정리된다고 합니다. 거대한 메타세콰이어들에게도 적절하게 작은 불을 놓아 외피가 수관이나 체관을 보호하

도록 하는 훈련을 시키더군요. 수백 년을 사는 동안 몇십 년마다 한 번씩 불난리를 당한다면 나무통이 적은 것들은 바깥 열기 때문에 말라 죽을 텐데 이것들은 워낙 덩치가 크니까 견디는 겁니다. 바깥 껍데기는 딱딱해지더라도 안에서는 버텨 내는 것입니다. 그 순간을 위해 가끔 인공적으로 불을 질러 내성을 키워 줄 필요가 있어요.

● **김태훈** 내성은 커질지 몰라도 변신(?)은 아주 단순하게 이뤄집니다. 내 집이 없을 때는 야당의 지지자였다가 어느 날 은행 대출 받아서 내 집을 사고 집문서에 도장 찍으면서 바로 여당의 지지자로 돌변하는 상황이 펼쳐집니다.

◆ **김부겸** 앞서 말했듯이 인간은 욕망 덩어리고 그 욕망이 우리 내에서도 얼마든지 충돌할 수 있다는 것을 인정해야 합니다. 그래야 문제에 제대로 접근할 수 있습니다. 과거 노동, 농민, 도시빈민운동을 이끌었던 뛰어난 리더들은 인간의 욕망을 적절히 활용하는 전략을 설계했습니다. 마치 죄수의 딜레마처럼 구성원들이 서로를 배신하지 않을 때 가장 큰 이익을 얻는다는 것을 설득하고 투쟁을 이끌어 가더군요.

그런데 언제부턴가 헌신적으로 무조건 싸우는 자만이 승리자가 될 거라는 주문이 퍼지기 시작했습니다. 대한민국의 진보 진영이 전략 전술에서 유연성을 잃고 대중적인 확장도 못 하면서 점점 축소되는 역사를 되풀이하는 가장 큰 이유 중 하나입니다.

유럽의 사례를 보면, 정당들이 자신들의 철학과 정책에 대한 대중들의 이해를 넓히기 위한 헌신적인 노력들이 반드시 있었습니다. 최근 노동당이 참패하긴 했지만 과거 보수당인 대처 정부로부터 정권을 빼앗을 때 어떻게 했습니까? 토니 블레어는 제3의 길을 설명하며 국민과 반대편을 안심시켰습니다. 그런데 이번에는 달랐습니다. 노동당의 에드 밀리밴드 당수가 일반적인 예상보다 급진적인 개혁을 이야기했습니다. 그러자 불안을 느낀 국민들이 막판에 보수당을 선택하더군요. 여론조사는 팽팽했고 오히려 노동당이 앞섰는데 말이죠. 과연 영국 유권자들이 현명하지 못해서 그런 선택을 했을까요?

영국의 총선 결과는 우리에게도 각별한 메시지를 던져 주었습니다. 그 것을 제대로 읽어야 합니다. 야당 진영은 최근 보궐선거에서 연전연패를 했는데, 인물이 부족해서가 아닙니다. 2014년 7월 30일을 한번 볼까요? 손학규, 정장선, 김두관, 격전지 수도권에서 이런 클래스의 후보라면 전혀 뒤질 이유가 없었습니다. 그런데 세 후보 모두 43~45퍼센트를 얻고 떨어졌습니다. 그럼 뭔가 깨달아서 전략과 판을 새롭게 짰어야 하는데, 2015년에도 그 방식 그대로 갔다가 같은 모양으로 침몰했습니다. 이것은 후보 개인의 경쟁력 문제로 치부할 사항이 아닙니다. 야당 진영이 지금 판세를 잘못 읽고 있다는 겁니다.

대다수 유권자가 요구하는 것은 상대를 혼내고 치명상을 입히고 그래서 속 시원하게 이겨 달라는 것이 아닙니다. 물론 열혈 지지층의 정서도 대변해야 하지만 그 사람들만 보듬고 미래를 여는 정치를 할 수는 없습니다. 일반 유권자들의 근본적이고 분명한 요구는 '우리가 처한 생존의 문제를 들어 주고 답을 찾아 달라'는 겁니다. 민주고, 독재고 당장 내일이 없는 삶에 공허한 주의주장만 늘어놓지 말라는 거예요. 그런데 야당은 지난 몇 차례의 선거에서 동문서답만 반복했습니다.

절대적 빈곤층을 위한
시혜적인 복지정책도 중요하지만
중산층 정도의 삶을
유지시켜 줄 수 있는 정책적 대안도
굉장히 현실적인 문제라는 겁니다.

● **김태훈**   야당과 여당이 힘겨루기를 가장 많이 하는 분야가 복지정책입니다. 그런데 허무한 구호로 치장돼 있거나 국민에게 '보여 주기'에 그치는 느낌이 있습니다. 젊은 세대뿐만 아니라 기성세대도 위기에 처한 것은 마찬가집니다. 특히 은퇴 이후의 삶…… 너무 도식화시키는 것 같지만, 극빈층으로 떨어져서 생계유지가 불가능할지 모른다는 공포에 떠는 극단적인 '비관 계층'이 있습니다. 그것보다는

낮겠지만 현 수준의 유지가 힘들다는 상대적인 '실망 계층'도 존재합니다.

내 주변에는 제법 돈을 잘 버는 사람들이 있습니다. 그들에게 은퇴 시기와 자금에 대해 물으면 대답이 천차만별입니다. 월 200만 원이면 충분히 살 수 있다는 사람도 있고 그래도 500만 원 정도는 있어야 여행도 다니고 외식 정도는 할 수 있다는 사람도 있습니다. 중견 기업에서 간부로 일하다가 은퇴했을 때는 먹고살 정도의 생계유지비는 보장됩니다. 하지만 지금까지 누렸던 사회적 지위에선 완벽한 추락, 혹은 지금까지 누렸던 문화 혜택으로부터의 소외, 이런 것들이 찾아와 굉장한 공포를 느낀다고 합니다. 물론 극단적인 비관 계층의 입장에서 봤을 때는 배부른 소리지요.

정리를 하자면 이렇습니다. 절대적 빈곤층을 위한 시혜적인 복지정책도 중요하지만 중산층 정도의 삶을 유지시켜 줄 수 있는 정책적 대안도 굉장히 현실적인 문제라는 겁니다.

◆ **김부겸**　노무현 정부 때부터 지속된 고민이었습니다. '세컨드 라이프'라고 칭하기는 어렵지만 노년층의 일자리 사업에 특히 많은 정성을 기울인 것도 사실입니다. 최근 60대 이상의 어르신 일자리가 더 많아졌다는 통계도 있어요. 물론 그 일자리가 질적으로 만족스러운 것이냐는 여전히 고민입니다.

베이비부머 세대는 이제 60대를 앞둔 50대 중후반인데, 아직도 부모

부양의 의무에서 벗어나지 못했습니다. 혹자는 부모 부양의 의무를 다해야 할 마지막 세대라고 하더군요. 그런데 자식들은 완전히 독립할 만큼 성장하지 못했습니다. 예전보다 교육 기간이 길고 사회 진출이 늦어진 탓도 있습니다. 그럼 어떻게 해야 합니까? 대부분 첫 직장이나 직업에서 은퇴했고 '세컨드 잡'은 냉정하게 보자면 100~150만 원짜리고요. 그 사람들의 지혜와 경험이 아깝지만 그렇다고 젊은이의 일자리를 빼앗는 식의 배치를 할 수는 없습니다. 최근 노동개혁이 화두가 되고 있습니다만 노동 정책을 그렇게 설계할 수는 없습니다. 욕을 들어먹어도 안 되는 방향입니다.

좀 더 고민하고 지혜를 발휘한다면 일의 다양한 형태를 찾을 수 있습니다. 생존을 위해서만이 아니라 공동체와 어우러지고 봉사하는 삶이라는 가치들과 묶어 줄 수 있습니다. 그분들 삶에 있어서 보람이랄까, 노동하는 즐거움이랄까, 그런 것에 의미와 존중을 담아 주는 어떤 대안들이 필요합니다.

● **김태훈** 말씀하신 것처럼 최근 노동개혁이라는 이름으로 '임금 피크제' 시행이 논란이 되었습니다. 소위 말하는 노사정 대타협도 이루어졌습니다. 청와대와 새누리당이 개혁이라는 명분을 내걸고 강력한 추진 의사를 밝혔는데 역시 야당의 입장은 어정쩡합니다. 의제를 선점당한 것은 사실 아닙니까?

◆ **김부겸**　정부는 임금 피크제를 도입하자면서 청년실업 문제를 동시에 거론했습니다. 여기에는 사실 교묘한 갈라치기(devide & rule) 전략이 들어가 있습니다. (웃음) 임금 피크제는 주로 대기업 정규직에 해당합니다. 즉 대기업 노조의 반발을 불러일으키는 겁니다. 그러면서 청년실업 문제를 해결하겠다고 하니 결국 고액연봉자들이 '청년실업을 해결하려는 정부 정책에 반대한다'는 식으로 청년과 대기업 노조 간에 싸움을 붙이는 겁니다. 청년실업 문제는 임금 피크제를 시행한다고 해결되는 사안이 아닙니다. 그러니까 여기에 야당이 '임금 피크제에 반대한다'는 식으로 말려들어서는 안 됩니다.

조지 레이코프가 말하는 프레임 전략에 우리가 걸려드는 결과가 되니까요. 우리는 그냥 청년실업 문제를 해결할 수 있는 대안을 내놓으면 됩니다. 임금 피크제가 문제 해결의 지름길이라고 밀어붙여서는 안 됩니다. 물론 제 개인적으로는 도입할 수 있다고 봅니다. 재작년에 정년 연장이 도입되었으니까요, 더 오래 다니는 대신 좀 덜 받는 거죠. 그걸로 '쌤쌤' 치면 됩니다. 그래야 기업들이 문제 해결에 동참하겠다고 하니까요.

역시 지금의 여당은 의제를 먼저 선점하는 힘이 있습니다. 반면에 야당은 집행력이 없는 데다 가뜩이나 정책 역량이 부족합니다. 잘못하면 계속 정부 여당의 의제에 끌려다니면서 '맨날 반대만 하는 정당'으로 비치기 일쑤라는 점을 경계해야 합니다.

● **김태훈** 베이비부머세대를 대상으로 삶의 질을 유지하는 측면에서 일자리 정책을 만들어야 한다면 청년들을 위해서는 장기적인 비전을 설계할 수 있는 양질의 일자리가 마련되어야 합니다. 우리 시장의 한계와 포화상태를 걱정하는 목소리가 많습니다. 시장이 작고 소비가 한정적이어서 만들고 싶어도 늘지 않는다는 것입니다. 그렇다면 역시 북한과의 관계가 어떤 활로를 제공해 주지 않겠느냐는 생각이 듭니다. 정치적 통일의 개념보다는 하나의 시장 개념으로 보는 것입니다.

◆ **김부겸** 김대중 정부 때는 IMF 극복이 워낙 큰 과제였습니다. 그나마 벤처 붐을 일으켜서 몇십 만 개의 일자리를 억지로 만들다시피 했어요. 일정한 성과도 있었습니다. 하지만 그게 끝이었습니다. 제2의 파도를 일으키지 못하고 관성 하나만으로 지금까지 떠밀려 왔습니다. 지금 박근혜 정부에서 창조경제, 노동개혁, 이런 화두를 던지고 정책을 시도하고 있으니 지켜봐야겠지요. 우리가 잡은 정권이 아니라고 해서 딴죽 걸 생각은 없습니다. 국민의 삶과 직결되는 정책은, 비록 그 성과의 과실이 상대 당에게 전부 주어진다 해도 성공해야 합니다.

북한 이야기를 하셨는데 통일에 관한 젊은 세대의 생각은 결코 순수하거나 열정적이지 않습니다. 강연을 다녀 보면 노골적으로 이런 질문을 합니다. "왜 통일을 해야 하나?" "통일에 들어가는 그 엄청난 비용을 왜 우리가 떠맡아야 하나?" 당위로서의 통일, 그런 것은 젊은 세대들에게 별 설득력이 없어요. 북한이 아직까지 미개척의 영역이니 만큼 새로운 기회, 일자리, 가능성을 만들 수 있다고 설득하는 것이 오히려 효과적입니다. 그게 우리가 먹고사는 데 굉장히 필요한 것이라고 호소해야 합니다.

우리는 겨우 개성공단 하나에 매달려 왔는데 요즘 들리는 소식에 따르면 북한이 중국이나 러시아 심지어 일본과의 합작과 투자를 통해서 개성공단보다 훨씬 앞선 모델을 만들려고 한다고 해요. 우리는 개성공단 모델 방식으로 북한 전역을 개혁·개방으로 유도하려는 그림을 그렸었지요. 소모적인 갈등으로 주춤하는 사이 중국 자본과 러시아 자본, 일본 자본이 밥상을 차리는 형국입니다.

전부는 아니지만 북한을 새로운 시장으로 볼 수 있다는 시각에 동의합니다. 2,400만의 시장을 열 수 있습니다. 많은 사람들이 두려워하는 것처럼 "그 많은 비용을 우리가 어떻게 감당해요?"라고 겁낼 문제는 아닙니다. 북한이 개방되고 개혁되고 발전하면 그 비용은 현저히 줄어듭니다. 하지만 현재처럼 폐쇄된 상황에서는 통일할 수 있는 기회가 와도 못 합니다.

이번에 AIIB(아시아인프라투자은행) 참여 결정도 그런 차원입니다. 북한을 가치 있는 국가로 만들기 위해서는 글로벌 투자를 유치해야 하는데, 이는 특정 기업이나 특정 국가 혼자서 감당할 수 있는 부분이 아닙니다. 그래서 북한을 좀 더 투자할 매력이 있는 국가로 만들어야 합니다. 그러면 자본이 오고가며 자연스럽게 일자리도 만들어집니다. 경제 협력과 교류의 장을 펼침으로써 기업에게도, 한국의 젊은이들에게도, 북한에게도 윈윈의 동력이 되는 것입니다.

북한 정권이 핵 개발하고, 미사일 쏘고, 이번 지뢰 사건처럼 공공연한 도발과 갈등을 조장하는 행위를 하는 것에 대해서는 결코 동의할 수 없습니다. 하지만 그 사람들도 정권을 유지해야 하고 인민을 먹여 살려야 합니다. 체면 좀 살려 주고 퇴로를 열어 주면 대화가 가능합니다. 이 세상 모든 권력은 자신의 힘을 유지하기 위한 방편을 찾습니다. 경제가 무너지고 인민이 굶어 죽는 상황에서는 어떤 선전과 전략도 무용지물입니다.

7

국민은
이기는 야당을
원하지 않는다?

대다수 국민들에게 중요한 것은 야당이
이기느냐, 지느냐가 아닙니다.
진영의 논리로 보면 중요한 문제지만
전체의 관점에서 본다면
일 잘하는 정당이 집권하면 됩니다.

§

● **김태훈**　완고한 지역의 문제, 파행적인 정치, 세대 간의 대립과 갈등, 남북 대치 등과 같은 문제들을 이야기하고 있습니다만, 사실 이것들은 개별적 사안이 아닙니다. 전부 한 덩어리의 문제들입니다. 하나가 다른 것에 원인을 제공하고 결과에 영향을 끼칩니다. 그래서 더욱 이것을 풀어 내는 시스템과 사람에 대한 요구는 거셀 수밖에 없습니다.

그런 의미에서 자주 언급하시는 "극적인 타협이 이루어지지 않으면 불행한 미래를 만날지도 모른다."라는 이야기는 굉장히 인상적입니다. 한편으로는 타협과 화합이라는 것이 우리 주변에서 쉽게 사용되는 단어들인데 추상적인 단어로 이용되었을 때는 공허한 슬로건에 불과합니다. 책임의 주체인 야당은 "극적인 전환이 있지 않는 한 대한민국 미래 세대에게 미래는 없다."라는 울부짖음에 과연 귀를 열어 줄까요? 누군가는 이기는 야당을 갖고 싶다고 하는데 야당이 이기면 해결되는 겁니까?

◆ **김부겸**　대다수 국민들에게 중요한 것은 야당이 이기느냐, 지느냐가 아닙니다. 진영의 논리로 보면 중요한 문제지만 전체의 관점에서 본

다면 일 잘하는 정당이 집권하면 됩니다. 수권 능력이 없으면서 선거에서 이길 공학적인 묘수만 찾는다고 진짜로 '이기는 야당'이 되지는 않습니다. 야당이 이기면 이 사회가 발전하고 개혁적으로 변모한다? 우리는 그렇다고 자신하지만 국민들이 그걸 믿어 줍니까?

그리고 혼자 힘으로는 안 됩니다. 타협과 상생의 정신이 발휘되어야 합니다. 타협이 가능하려면 상대와 내가 같이 살아야 한다는 '공존'의 정신을 가져야 하지요. 그런데 타협을 이야기하면 진보 진영이나 야권 진영에서는 그것을 비겁자의 언어로 받아들입니다. 타협을 말하면 정말 비겁자입니까? 일반적인 사회 조직에서도 어느 한쪽이 완전하고 절대적으로 틀린 경우는 찾기 어렵습니다. 특히 정치는 완전한 옳고 그름의 문제가 아니라 이해관계의 충돌이라는 성격이 강합니다. 그럴 때 '조정'하는 것이 타협인데 자꾸 본질을 비틀어 버립니다.

이걸 인정하는 경우에도 또 다른 벽이 있습니다. 강자가 먼저 양보를 할 때 진정한 타협이 가능한 것이지 약자가 먼저 손을 내미는 것은 비굴이며 타협이 아니라는 겁니다. 물론 그런 측면도 있습니다. 하지만 이 역시 "그것은 강자의 것이요, 이것은 약자의 것이다." 이렇게 구분할 수 없는 문제입니다. 문제를 풀어 가는 기준점이 될 수 없습니다.

예를 하나 들어 봅시다. 청년 고용 문제, 장기적인 실업 문제, 저성장의 지속과 국민소득의 양극화, 저출산 문제 등을 해결하려면 지금까지 사용하던 정책 수단과 분배 프레임으로는 안 된다는 것에는 인식을 같이 합니다. 그럼 당사자들이 모여서 양보하고 사회적 대타협을 도출하는 과정으로 이어져야겠지요. 하지만 현실은 냉정합니다.

복지 문제의 핵심은 모두가 알고 있습니다. 극도의 무한경쟁 사회에서는 돈을 많이 가진 사람이든 가난한 사람이든 다 불행합니다. 아무도 긴장을 놓을 수 없습니다. 사람이 살아가는 데 있어서 최소한 필요한 것, 기초적인 의식주를 보장해 주는 것, 기초적인 의료를 책임지는 것, 우리는 그것을 사회보장이라고 부릅니다.

그런데 재정이 뒤받침되어야 하니 재원 조달을 어떻게 해야 하는가에서 편이 갈라집니다. 양쪽 모두 절대 증세는 없다고 이야기합니다. 이 문제에 대해서도 야당의 잘못이 큽니다. 증세한 만큼 그것이 국민들에게 돌아가고, 노후가 보장되고, 삶의 안전을 보장할 수 있는 시스템을 만들자고 나서야 하는데 선거에서 득표에 도움이 되지 않으니 무조건 증세는 아니라며 비굴하게 빠져 버렸습니다.

● **김태훈** 증세 문제가 예민하고 부담이 강한 이슈이긴 합니다. 말하자면 증세를 인정하고 국민들에게 어디에 쓸 것인지 대해 구체적으로 밝히는 것이 정직하다는 말씀으로 들립니다.

● **김부겸** 어디에 쓸 것인가를 설계하고 그것을 설득해야 합니다. 4대강 사업처럼 그냥 써 버리는 것이 아니라 우리 모두가 인간다운 삶

에 대한 사회적 안전망을 끌어올리는 수 있다는 점에 대해 합의하는 것이지요. 그다음 단계로 지금 사교육에 짓눌린 공교육의 문제를 어떻게 할 것이냐, 만성적인 실업에 내몰린 청년세대를 어떻게 할 것이냐가 주요 과제가 될 것입니다. 그러기 위해 우리가 최소한 굶어 죽지 않고, 아파 죽지 않고, 막말로 얼어 죽지 않게 할 최소한의 사회적 안전망을 깔자는 합의가 우선 필요할 겁니다.

그래서 기본적으로 증세가 필요한데 그 이야기는 아무도 안 합니다. 보수는 진보 쪽을 향해 성장에 대한 담론도 없이 돈만 나누어 쓰자고 한다며 공격합니다. 진보 쪽은 보수를 향해 가진 자에게 무한정의 자유와 권력을 주자고 한다며 질타합니다. 양쪽이 하고 싶은 말은 다 하면서 정작 필요한 말과 실천은 안 하는 겁니다.

개인의 문제를
왜 세금으로 해결하느냐고 징징댄다면
역시 같은 논리로 말할 수밖에 없습니다.
기업과 마찬가지로
개인도 공화국 공동체의 중요한 일원입니다.

● 김태훈   여당 입장에서는 사실 박근혜 대통령이 후보자 시절에 '증

세 없이 복지'를 실현하겠다는 이야기를 했기 때문에, 증세를 하겠다고 말하면 공약의 변경이 됩니다. 야당이 정치적으로 이용하기 좋은 아킬레스건이 되니까 싫을 겁니다.

◆ **김부겸** 대통령은 무책임하고 여당은 한심한 거지요. 정작 필요한, 좋은 공약들은 쉽게 버리면서 그 말에 대해서는 왜 그렇게 집착하며 지키려고 하는지…….

● **김태훈** 여당에서 집착하는 면도 있지만 야당에서도 하나의 정치적 봉쇄의 지점으로 사용하니까 서로 평행선을 달리는 것 아닙니까?

◆ **김부겸** 그렇다고 해서 야당이 다른 대안을 갖고 있나 하면 그것도 아닙니다. 과거 18대 국회에서 당시 당 대표를 비롯한 많은 사람들이 증세 없이 복지를 할 수 있는 것처럼 했었습니다. 소위 재정 운용을 건전화시키고, 잘 드러나지 않는 지하 경제에서 상당 부분을 찾아내고, 예산 재조정을 통해서 가능한 것처럼 말했지만 사실 불가능하다는 것이 다 밝혀졌습니다. 여당은 지킬 수 없는 공약을 했고 야당은 실현할 수 없는 정책을 고집했다면 이제 자신의 과오를 고백하고 대타협을 해야 합니다. 이 정도의 복지 수준에 합의하자, 그럼 그 수준에 맞춰 세 부담을 늘리자, 이렇게 합의할 수 있다는 겁니다.

● **김태훈** 박근혜 정부 출범 직후, 가계부채가 굉장히 큰 문제가 되자 부채를 탕감해 주는 방식에 대한 이야기가 나왔습니다. 발상이나 과정에 모두 동의할 수는 없지만 일단 인상적이었던 것은 사실입니다. 왜냐하면 부채는 개인의 책임 영역이라는 인식이 강한데 보수정권에서 오히려 개인의 부채 탕감에 대한 사회적 책임을 정책으로 반영한 것입니다. 최근 성남의 이재명 시장이 '롤링주빌리' 운동을 통해 시민들의 악성 채무를 탕감해 주는 운동을 전개했습니다.

사실 형태는 다를 수 있지만 동일한 지향점을 갖는 정책이라고 생각합니다. 가장 인상적이었던 것은 국가와 사회에 대한 이야기를 할 때, 국가와 사회는 개인에게 두 번째 기회를 주어야 한다는 것을 일종의 대전제로 했던 점입니다. 여러 가지 상황 속에서 실패나 좌절을 맛보았을 때 두 번째 기회를 가질 수 있느냐의 여부가 성숙한 사회냐 아니냐를 입증하는 기준이라는 생각이 듭니다.

◆ **김부겸** IMF가 우리에게 무엇을 보여 주었습니까? 결국 실패는 국가도, 사회도, 기업도 예외가 아니라는 것을 보여 주었습니다. 그것을 국민 하나하나의 부담으로 메웠지요. 공적자금이라는 형태입니다. 당시 160조가 넘는 돈을 퍼부었는데요, 왜 그렇게 했을까요? 국가와 기업의 실패가 국민 모두의 실패로 전이되지 않게 하기 위해서 우리가 동의해 준 겁니다.

여권과 보수 진영은 똑똑히 알아야 합니다. 그들의 논리대로라면 실패한 국가와 가난해진 기업은 경쟁에서 패배했음을 인정하고 정리되었어야 합니다. 그런데 왜 구제했느냐 하면 그들이 공화국 공동체의 중요한 일원이기 때문입니다. 핵심적인 경제 부분이 다 죽으면 국민들을 먹여 살릴 길이 막막하니까요. 일종의 강요된 타협이었지만 가능했던 겁니다. 살벌한 구조조정과 함께 막대한 공적자금 투입이라는 공동 부담으로 메웠습니다.

그러다가 개인 신용불량자가 대거 생겨났습니다. 김대중, 노무현 정부를 거치면서 '신용회복위원회'라는 것을 만들었지요. 개인이 도저히 감당할 수 없는 빚에 대해 채무이행계획을 제시하게 하고 일정 부분 재기의 기회를 주었습니다. 현대판 샤일록이 나오지 않도록 한 겁니다.

빚이 많아진 것 모두가 개인의 책임이 아니고, 일자리가 없는 것도 게을러서가 아닙니다. 개인의 문제를 왜 세금으로 해결하느냐고 징징댄다면 역시 같은 논리로 말할 수밖에 없습니다. 기업과 마찬가지로 개인도 공화국 공동체의 중요한 일원입니다. 오히려 절대 다수를 차지합니다. 망한 기업을 살리기 위해 국민의 세금을 투입하는 건 국가 경제를 위해 필요한 조치이고, 개인을 살리기 위해 세금을 쓰는 건 낭비이고 도덕적 해이인가요?

● **김태훈**   개인의 부채에 대한 입장 부분에서 여당과 야당이 동일한 문제의식을 갖고 있다면 그것이야말로 화합과 통합을 통해서 미래

에 대한 공통의 가치관을 제시할 수 있는 부분이라 생각됩니다.

◆ 김부겸 그러니까 그 무엇에 앞서 우선 사람은 살려 놓고 보자는 거지요. 이보다 더 중요한 과제가 또 있겠습니까?

◆ 김태훈 그렇습니다. '빚 때문에 죽지 마세요'라는, 제윤경이라는 경제 전문가가 강연한 동영상을 봤는데 굉장히 인상적이었습니다. 빚때문에 사람이 죽어 간다는 것, 개인이 어떤 잘못을 저질렀는지 모르겠지만 인간이 마땅히 죽어야 할 이유 같은 것은 없다는 겁니다. 빚이 늘었다는 것을 개인의 책임에서만 볼 것이 아니라 사회적인, 전체적인 시스템 속에서 봐야 한다는 것입니다. 그 사람들이 고통 받을수밖에 없었던 상황을 인정해 주고, 공적 시스템이나 다른 형태를 통해서 두 번째 기회를 제공해 주는 것, 지금 그것이 진보와 보수를 넘어서서 가장 필요하다는 이야기는 굉장히 인상적이었습니다.

◆ 김부겸 대학생들이 이런 말을 합니다. "국가가 학자금 융자를 해주는 것은 고맙다. 하지만 그 빚을 상환하려면 대학을 졸업하고 적어도 몇 년 이내에 좋은 직장을 잡아야 가능한데 현실은 쉽지 않다. 사회생활의 시작부터 무거운 짐을 지고 시작하게 된다. 이것은 너무 가혹한 일이다."
진지하게 고민하는 모습은 보이지 않고, 정치인들은 당장 젊은이들에게 표를 얻겠다고 반값 등록금 이야기나 합니다. 경제 주체로서 노동시장으로 진출하는 젊은이들 앞에 주어진 이 무거운 짐에 대해서는 과연 누가 책임을 지겠습니까.

8

가난이
지속되는 건
국가 공동체의
책임이다

지금 경제가 이 패러다임으론 안 된다는 인식에
모두가 동의하고 있습니다.
물건 사 줄 사람에게 돈이 없는데,
경제가 제대로 돌아갈 수가 없습니다.
지금까지는 수출 제일주의로 커버를 했는데,
이제는 그 약발도 떨어지고 있습니다.

§

●**김태훈** 젊은 세대들이 갖는 정치 냉소 혹은 절망은 사실 전 세대의 정서입니다. '민주화'는 더 이상 감동적인 언어가 아닙니다. 누군가는 '국민 전체가 징징거리고 있다'는 과격한 표현을 쓰기도 합니다.

◆**김부겸** 우리 정치가 국민들에게서 외면받는 데는 분명한 이유가 있습니다. 상대를 이기려고만 했지 국민들을 위해 무엇을 잘할 것인가에 대한 고민은 형편없이 부족했습니다. 작고 기본적인 것 하나하나에서 불신을 쌓아 온 탓입니다. 그래서 국민들이 저들(정치인들)이 우리의 목소리를 대신해 주는 존재가 아니라 생각하고 버린 겁니다. 앞서 이야기했지만 노무현 정부가 고생고생해서 신용불량자를 줄일 단서를 마련했었습니다. 당시 청와대에서 노무현 대통령을 만났는데 신용불량자를 15만 명이나 줄였다며 무척 자랑스러워하더군요. 채무회생계획서를 내면 정상적인 경제 활동이 가능하도록 해 주는 정도였는데 그 정도 성과에도 무척 흐뭇해했습니다. 그들을 예외의 영역에 두지 않고 정상적인 영역에서 움직일 수 있도록 한 것은 결코 작은 성과라 할 수 없었어요.

하지만 한계도 분명했습니다. 이런 한계가 기대 이상의 실망으로 이어지면서 지지율 추락의 원인을 제공합니다. 특히 고용 문제…… 비정규직 법안을 손질해 2년은 의무고용을 하도록 했는데 이게 악용되었습니다. 2년 후 정규직 고용이 보장되는 것도 아닌데 비정규직으로 계속 일하지도 못하는 엉뚱한 결과를 낳았지요. 고용자와 비정규직 양쪽에서 불만이 터진 겁니다. 고용 형태를 더 이상 악화시키지 않겠다는 의지로 시행한 것인데 요령부득이었던 거지요. 거기까지가 한계였습니다. 적극적인 정규직 전환 프로그램이라든지 그게 아니라면 최소한 고용을 유지하게 하는 프로그램이 동반되었어야 하는데 둘 다 하지 못한 겁니다. 두고두고 아쉬움으로 남습니다.

● **김태훈** 노무현 정부의 가장 큰 과오라면 말씀하신 그런 부분입니다. 기대를 부풀려 놓고 그보다 더 큰 실망을 주었다는 겁니다. 바보 노무현을 지지했던 사람들은 대부분 크거나 작거나 우리 사회의 변혁을 지지했던 계층입니다. 그런데 결과적으로 실패하면서 이들을 정치 냉소주의자, 혹은 오히려 극단적인 이기주의 세력으로 변화시켰다는 분석은 예사롭지 않습니다. 불행하게 떠난 노무현에 대한 국민들의 애정이 여전한 것과 달리 소위 '친노'라고 불리는 세력에 대한 반감은 이런 이유에서 비롯된 게 아닐까 싶습니다.

◆ **김부겸** 선거에서 이겨 청와대에는 들어갔지요. 그런데 대한민국이라는 거대한 공동체의 시스템을 좌지우지하는 사람과 수단은 여전

히 반대 진영이 장악하고 있었습니다. 대통령의 순수한 의지 하나만으로 모든 문제가 해결될 수는 없었어요. '친노'에 대한 비판의 기저에는 노무현에 기대어 무임승차했지만 일은 제대로 못한 사람들에 대한 비판이 깔려 있습니다.

하지만 이게 변명이 될 수는 없어요. 못한 건 못한 겁니다. 지금도 비정규직 문제가 심각한데 이 사람들에게 노조는 차라리 호사스러운 이야기입니다. 대기업 노동자들이 경쟁력 운운하지만 현재 대기업 정규직과 같은 생산 라인에 있는 비정규직, 하청업체의 파견직을 비교하면 말이 안 될 정도로 불평등이 심각합니다. 노동자 사이에서도 이미 삶의 등급이 나눠졌다고 할 만큼 심각해요.

노무현 정부도 비정규직의 양산을 고용 탄력성으로만 이해했어요. 그로 인해 삶이 얼마나 척박해지는지에 대해서는 이해가 부족했습니다. 결국 내수의 순환 고리가 깨져 경기 침체로 이어질지 고민하지 못한 겁니다. 더군다나 경제 활성화라는 이유로 부동산 폭등을 방치해 자산 양극화를 증폭시켰지요. 근로소득보다 자산소득이 빠른 속도로 격차를 벌렸고 정상적인 소득으로는 도저히 이 간극을 메울 수 없었어요.

이런 상황에 대한 종합적인 진단과 처방을 주저하다 정권이 문을 닫아 버렸습니다. 그때 보여 주었던 무능력이 지금까지도 국민들의 뇌리에 생생하게 남아 있는 것입니다. 이런 상황에서 반성하고 신뢰를 회복하기 위해 노력해도 부족할 판인데 친노, 비노 계파 싸움에 여념이 없습니다. 감흥도 없어요. 백마 탄 메시아가 나타난다고 이길 수 있겠습니까?

● **김태훈** 비정규직 노동자 문제는 개개인의 밥그릇 문제이기도 하지만 사회적 철학의 문제라 생각합니다. 왜냐하면 법과 정책, 그에 따른 방향은 사회적 합의를 전제로 해야 하거든요. 국민은 하라는 대로 무조건 하는 로봇이 아닙니다. 지금의 상황은 비정규직 입장에서는 쉽게 납득할 수가 없습니다. 나도 회사 생활을 해 보고 아르바이트도 해 봤습니다. 똑같은 시간에 똑같은 일을 하는데 벌이가 다릅니다. 기업 입장에서는 생산성을 높이기 위해 당연하다고 말합니다. 그렇다고 2년 열심히 일하면 정규직 시켜주느냐, 그것도 아닙니다. 2년 열심히 해서 정규직으로 전환된다면 인턴십으로 볼 수도 있을 텐데, 그런 제도도 아니에요. 노조도 그렇습니다. 비정규직은 노조도 만들 수 없는 상황입니다.

인권이 민주주의와 등가라는 것을 이해했을 때 우리의 상황은 이 모든 것이 후퇴하고 있는 게 분명합니다. 19세기부터 20세기 중반까지 미국의 주법 중에 '짐 크로우 법'이라는 게 있었습니다. "흑백이 같다. 하지만 공간을 따로 써라."고 하면서 노골적으로 공간을 나눴습니다. 대중교통에서도 그랬습니다. 그것 자체가 난센스라고 본다면 정규직과 비정규직의 문제는 대한민국의 '짐 크로우 법'이라고 생각합니다.

이런 문제에 있어서는 미디어의 도움이 필요합니다. 문제를 환기시키고 교육시키는 부분에서는 유용합니다. 그런데 아이러니한 것은, 정확한 통계를 본 적은 없지만, 방송이나 언론 분야 종사자 중에서 비정규직 비율이 높다는 겁니다. 특히 가장 높은 곳 중의 하나가 방송국입니다. 사회적으로 휘발성이 큰 문제임에도 불구하고 미디어를 통해서 환기되는 부분이 약한 이유입니다. 심지어 방송국 사정에 의해 프로그램이 나가지 않으면 임금도 못 받습니다. 완벽한 일용직입니다. 큐 사인은 정규직이 주지만 글을 쓰고 편집하는 것은 다 비정규직인데 말입니다.

◆ **김부겸** 시집간 딸이 출연한 두 번째 작품인가, 출연료를 못 받아서 주변 동료들에게 어떻게 받을 수 있느냐고 물었더니 다들 노조에 가입하라고 하더랍니다. 그래서 노조에 가입했다는군요. 네 권리는 네가 스스로 찾아야 하니까 배우라고 했습니다. '스스로'라고 말했지만 제도적 보호가 그만큼 약하다는 뜻이니 법을 만들고 정책을 꾸려야할 정치인으로서 면목이 없는 일이지요.

미국도 소득 격차나 최저임금 문제가 심각한데요, 오바마는 의회 연설에서 고용주들을 향해 이렇게 일갈했습니다. "당신들이라면 1만 5,000불의 연봉으로 한 가족을 부양하겠느냐!" 한마디로 절규였습니다. 그런 연봉으로 삶이 지속 가능하겠느냐, 월급 더 주라고 야단친 겁니다.

최저임금부터 고용 형태까지 이 상황을 어떻게든 개선할 방안을 내놓으라는 요구가 거셉니다. 비정규 법안을 법제화한 것이 지금 야당이니까, 무조건 책임져야 합니다. 최근 여당이 임금 피크제와 노동개혁 등을 들고 나왔는데 갑이 되었든 을이 되었든 무조건 논의의 테이블은 만들어져야 합니다.

● 김태훈　사실 임금과 기회의 불평등과 아울러 가장 큰 문제는 인권의 문제일 거라는 생각이 듭니다. 불만 사항이 있어도 앞에서 이야기할 수가 없습니다. 언제든 해고의 위험을 안고 있는 상황에서 정당한 권리를 주장한다는 것은 쉬운 일이 아니기 때문입니다.

◆ 김부겸　서울삼성병원 직원들 중에서 메르스 2차 감염자라고 밝혀진 사람들은 다 비정규직이었습니다. 그 사람들이 위험에 방치되었던 이유는 뭡니까? 단순한 행정 착오가 아니었습니다. 병원에서는 비정규직 사람들을 자기가 보호하고 챙겨야 할 직원이라고 보지 않았던 겁니다. 오해일 수도 있습니다. 그러나 그게 아니라면 설명이 안 됩니다. 병원 관계자들은 다 체크하라고 했는데 안 했습니다. 그 사람들 머릿속에 비정규직은 관계자가 아니었던 겁니다.
불행하게도 전염병 바이러스는 정규직과 비정규직을 구분하지 않습니다. 자가 격리되면 국가가 책임져 주겠다 했지만 어느 누가 정말 책임졌나요? 비정규직 처지에 메르스에 감염되어 격리되면 그냥 일자리 잃는 겁니다. 그게 전염병보다 더 무서워 쉬쉬하다가 발각된 경우도 있었습니다. 과연 이 사람들을 탓하거나 책망할 자격이 있는 사람이 누구일까요?

● **김태훈**　세월호 참사에서도 유사한 일이 있었습니다. 순직한 교사가 있는데 보상을 못 받았습니다. 계약직이라는 겁니다. 거듭 강조하지만 이것은 돈의 문제가 아니라 인권의 문제입니다. 바버라 에런라이크라는 작가가 쓴 《노동의 배신》은 내가 굉장히 좋아하는 책 중 하나입니다. 작가가 직접 공장에 들어가서 노동자와 똑같이 생활하고 같은 봉급을 받으면서 겪은 체험을 쓴 겁니다. 인상적인 구절이 있습니다. "가난한 자들의 절약법 따위는 없다." 사람들은 가난한 사람들도 나름 절약하고 돈을 모으면 살아갈 수 있을 거라는 '미신'을 믿지만, 저자는 가난한 사람들이 절약법 따위로 살아갈 수 없다고 선언해버립니다.

◆ **김부겸**　오바마의 연설도 그런 가치를 기초로 하고 있습니다. "당신들이라면 그 돈으로 살 수 있겠나, 정상적으로 생활이 되겠느냐?"

● **김태훈**　더 우울한 건 뭐냐하면 작가는 "가난하기 때문에 돈이 더 필요하다."라고 이야기합니다. 비정규직이기 때문에 의료보험이 되지 않으니 병원을 가려면 돈이 더 많이 들고, 연금이 없어서 미래가

보장되지 않으니 미래를 위해서 돈을 더 모아야 하고, 그것은 굉장한 아이러니라는 거지요.

◆ **김부겸**　지금 정착 단계여서 불완전하지만 '오바마 케어'가 등장한 이유도 그런 고민에서 시작된 겁니다. 오바마 케어의 혜택을 받은 85퍼센트가 'very good'이라고 했답니다. 비록 완벽한 제도는 아니지만 그동안 부자들만을 위한 의료라고 비난받던 미국의 의료체계에 변화를 가져온 것은 사실입니다. 오바마의 중요한 업적으로 기록될 테지요.

> 새로운 도전자 내지는 새로운 성장 가능성의 싹을
> 애초에 잘라 버리는
> 갑 또는 대기업, 시장 지배자들의 횡포로부터
> 보호가 필요합니다.
> 이게 경제민주화라는 겁니다.

● **김태훈**　경제민주화에 대한 이야기가 자주 언급됩니다. 노무현 정부부터 지금에 이르기까지 계속 진행형인데 실체는 늘 모호하기만 합니다. 비정규직 노동자들에 대한 이야기를 했습니다만, 현실적으로

공론화시키며 다가갈 수 있는 지점, 최초의 출발지점이라고 한다면 어떤 부분들이 있을까요?

◆ **김부겸** 경제민주화의 첫 번째 핵심은 기회 보장입니다. 보다 더 많은 사람에게, 더 많은 기업에게 활동의 기회를 보장하는 것입니다. 그런데 지금의 대기업 중심 수직 계열화는 중소기업 또는 중견기업의 성장 가능성은 물론이고 좋은 일자리를 만들고 창조적인 아이디어를 파생시킬 가능성까지 막아 버립니다. 대기업만 믿고 따라가다가 그게 망하면 다 같이 죽는 결과가 되지요. 이렇게 하지 말자는 게 경제민주화입니다. 소위 갑을병정으로 되어 있는 수탈 구조를 동반성장의 개념으로 고쳐 주지 않고서는 개인이나 기업의 창조성은 불가능합니다.

두 번째 핵심은 창업, 혹은 스타트업을 위한 가능성의 확대입니다. 다른 선택은 없다고 봅니다. 지금의 창업 시스템 지원은 대단히 형식적입니다. 실질적인 창업 지원을 위한 정책이라기보다는 그냥 실적 쌓기에 가깝습니다. 솔직히 청년들에게 새로운 일자리를 공급하고 에너지를 끄집어내기 위해서는 스타트업을 활성화하는 방법밖에는 없어요. 국가가 개입해서 경제적 위기를 극복하고 일자리를 만든 유일한 경우는 IT, 벤처 신화밖에는 없었습니다. 그러나 김대중 정부 이후에는 사실상 이런 대규모 창업 프로젝트가 유명무실해졌지요. 지금처럼 형식적이고 의례적인 정책은 지양해야 합니다. 결국 '시장에 참여할 기회를 주고 가능성을 확대하는 것'을 경제민주화의 핵심으로 삼아야 합니다.

● 김태훈　노동시장에 새로이 유입되는 사람들에게 더 많은 기회를 주자는 것은 구체적으로 어떤 의미입니까? 자유경제 체제에서 정책의 강제성은 제한될 수밖에 없지 않습니까?

◆ 김부겸　스타트업을 하려는 사람들의 처지가 어떻습니까? 돈도 마련해야 하고, 아이디어도 짜야 하고, 회사도 만들어야 하고, 운영도 해야 하고, 마케팅도 해야 하잖아요.

● 김태훈　말하자면 시장에 진입하는 비기너(beginner)들에게 더 많은 어드밴티지를 주자는 겁니까?

◆ 김부겸　그렇지요. 이들이 마음껏 활동할 수 있는 베이스를 깔아 주자는 것입니다. 과거 김대중 정부 시절에는 시행착오를 겪더라도 벤처 붐을 통해서 그걸 던졌어요. 일자리 40만 개를 만들었습니다. 물론 많은 돈을 썼지요. 그래서 이놈도 떼먹고 저놈도 떼먹었다고 했지만, 그때 만들어진 40만 개의 일자리 중 상당수가 지금까지 이어지고 있습니다. 바이오라든지 IT 계열 쪽에서 여전히 살아남아 있어요. 이처럼 뭔가 새로운 창업, 일자리를 만드는 데에 더 많은 투자를 해

야 한다는 겁니다.

● 김태훈 사람들이 가장 많이 찾는 포털사이트의 경우도 IT 붐 시절에 시작되었습니다.

◆ 김부겸 그렇게 탄생한 '포털'이라는 것도 어느새 기득권으로 성장하면서 일종의 독점적인 지위를 누려요. 솔직히 새로운 시도들을 많이 차단하고 있잖아요? 바람직하다고 할 수 없지요. 새로운 도전자 내지는 새로운 성장 가능성의 싹을 애초에 잘라 버리는 갑 또는 대기업, 시장 지배자들의 횡포로부터 보호가 필요합니다. 이게 경제민주화라는 겁니다.

● 김태훈 말하자면 진입 장벽을 조금 낮춰야 하는 것이고, 시장에 들어왔을 때 일정한 인큐베이팅이 가능해야 한다는 말씀입니다.

◆ 김부겸 펀딩은 좋은 아이디어를 투자자들한테 다 뺏기는 결과로 나타나기도 했습니다. 솔직히 마케팅을 할 능력도 없습니다. 그러니 한번 도전하고 실패하면 그냥 사라지는 거죠. 반면 실리콘밸리는 어떻습니까? 도전하는 사람, 실패하는 사람, 다시 뽑아다가 아이디어 살려 주는 사람, 이런 생태계가 마련되어 있습니다. 그 과정에서 일자리도 만들어지고, 부가가치도 만들어집니다. 혁신도 일어나고, 창

조도 일어나잖아요. 그런 걸 우리가 만들어 줘야지요.

● **김태훈** 처음에는 벤처처럼 조그마한 회사로 시작이 되었습니다만 이것이 성공을 거두고 나면 이전 대기업들이 하던 패턴을 고스란히 좇아가게 됩니다. 최근 흥미로운 뉴스 하나가 있었습니다. 현재 가장 많은 가입자를 보유한 SNS 사이트에서 이모티콘의 저작권과 로열티를 보장하지 않는다는 겁니다. 한 회사의 직원 신분으로 캐릭터를 만들어서 회사의 사이트에 올리게 되면, 그것은 월급을 받는 일이었으니 충분히 그렇게 할 수 있습니다. 그런데 외부 인사가 용역을 의뢰받아 캐릭터를 만들었을 때도 일정 금액을 주고 저작물에 대한 모든 권한을 소유한다고 합니다. 개인의 창의성이 이러한 계약 구조에서 꽃 필 수는 없습니다.

음원을 유통하는 사이트 역시 마찬가지입니다. 사실 거기서는 저작권을 보호해 준다고 하지만, 수익 구조의 비율을 보면 저작권을 보호한다고 말할 수 있는 퍼센티지는 아닙니다. 어쨌든 SNS 혹은 모바일 폰 환경 속에서 여러 가지 창작물들이 필요하기 때문에 사용되는데, 작가의 저작권을 보호해 주는 경우는 거의 없는 실정입니다. 이런 환경을 이용해 기업들은 점점 커 나가지만, 성장에 기여한 개인은 오히려 박탈감만 커지고 있습니다. 이런 환경 속에서 '새로운 도전을 시작하는 친구들이 있을 것이냐, 새로운 아티스트들이 나올 수 있을 것이냐?'라는 의문이 듭니다.

● **김부겸** 전통적인 대기업과 중소기업의 관계가 종속적이고, 새로이 시작하는 스타트업은 규제 등에 묶여 있으니까 이걸 풀어 줘야 한다는 거죠.

● **김태훈** 스타트업에 특정한 어드밴티지를 주는 그런 환경을 국가가 만들어 줘야 합니다. 사실 환경을 만들어 준다는 그 자체만으로도 어드밴티지가 되겠지요.

● **김부겸** 사무실 구하고, 복잡한 세무 관계를 처리해야 하고, 이런 걸 '지원 센터'에서 해결해 줄 수 있습니다.

● **김태훈** 그런 것들을 해결해 주면서 정책 차원에서 더 고민해야 할 문제도 있습니다. 적어도 국가에서 공적자금을 통해 환경을 조성해 준 기업이라면, 불공정거래의 희생양이 되어서는 안 된다는 겁니다. 말하자면 동반자적인 성장을 위한 프로그램도 필요합니다. 이런 문제들을 도덕성만으로는 해결할 수 없다는 건 분명하거든요. 대한민국 기업 성공 신화의 허점은 분명합니다. 성공의 신화가 오직 하나에서 그친다는 겁니다. 하나의 기업이 성공했을 때 거기에 연관되어 있는 또 다른 기업과 개인들이 같이 성공하고 성장했다는 '미담(美談)'이 없습니다. 오직 성공에서 패배하고 밀려난 피눈물만 존재하지요. 많은 성공 신화를 만드는 것 이상으로 같이 성장하고 같이 행복한

이야기를 만드는 게 훨씬 효율적이라 생각하는데 내가 너무 순진한 겁니까?

◆ 김부겸   바로 애플이 취한 방법이죠. 동반자 전략, 파이를 키워 같이 먹자는 겁니다. 그 방식으로 전 세계 소비자들을 애플 마니아로 끌어 들일 수 있었잖아요. 그런데 삼성은 그렇게 하지 않았지요.

● 김태훈   전 세계에서 자동차를 만드는 회사가 빵집도 하고, 백화점 도 운영하는 이런 기업의 형태가 대한민국처럼 존재하는 예가 많은 지 궁금합니다. 물론 대기업을 중심으로 해서 규모의 경제가 성장한 것은 분명한 사실입니다. 그러나 이런 방식의 지속 가능성에 대해서 는 의문이 듭니다.

◆ 김부겸   옳습니다. 그런데 이것들을 당장 바로잡기에는 너무 많은 에너지가 소모됩니다. 그래서 신경제, 신사업 쪽에 우리의 에너지를 좀 더 넣자는 것이지요. 그렇게 점점 키워서 성장의 주력군을 교체 하자는 겁니다. 흐름을 역전시키자는 것이지요. 어차피 대기업 집단 은 이노베이션이 일어나도 한계가 있고, 구조를 고쳐도 한계가 있다 는 게 드러났잖아요. 대한민국 최고의 기업 삼성도 점점 경쟁력을 잃 고 있다는 평가가 괜한 헛소문은 아닙니다. 거대 공룡의 이노베이션 을 기대하는 건 드라마틱하지만 현실성이 떨어집니다. 오히려 스타

트업의 역동성에 기대를 걸고 새로운 생태계를 만들어 주는 데 중점을 둬야 한다고 봅니다.

● **김태훈** 결국 성장과 배분이라는 사회적인 틀을 만들기 위해서도 필요하리라 봅니다.

◆ **김부겸** 뭔가 만들어서 파이를 키워야 합니다. 전통적인 제조업을 유지하고 지켜 내는 방식으로는 한계가 있습니다. 안정적으로 보이지만 경쟁이 너무 치열해요. 소위 말하는 사상 최대의 경상수지 흑자 행진을 계속하고 있지만 수출이 줄어드는 규모보다 수입이 줄어드는 규모가 더 커서 생기는 착시 현상입니다. 막말로 집구석 망해 가는 모양새랑 똑같잖아요. 장부상으로만 이익이지 내일을 기약하기 어려운 형태입니다.

● **김태훈** 그런 면에서 패러다임의 변화는 불가피하다고 봅니다. 성장이냐, 배분이냐에 대한 이야기들을 하는데 흔히 성장은 미래지향적인 것이고, 배분은 현실지향적인 것이라 생각합니다. 그러다 보니 '미래지향적'인 쪽에 더 많은 표가 갑니다. 그런데 왜 이렇게 생각하지는 않는 걸까요? "배분이 곧 성장이다." 의식적 전환이 있어야 하지 않겠습니까?

◆ **김부겸** 지금 경제가 이 패러다임으론 안 된다는 인식에 모두가 동의하고 있어요. 물건 사 줄 사람에게 돈이 없는데, 무슨 경제가 돌아가겠어요. 지금까지는 수출 제일주의로 커버를 했는데, 이제는 그 약발도 떨어지고 있습니다. 박근혜 대통령이 국회의원 때 제일 먼저 이슈로 제기한 대안이 있습니다. "국민소득 2만 불이 넘었으니 복지라든가 이런 부분들에 관심을 가져 투자하고, 정당한 배분을 통한 경제의 선순환 구조를 만들자." 분명히 발표도 했어요. 사회 안전망을 체계적으로 깔아 놔야 우리 경제가 최소한 돌아간다는 데는 이견이 없었습니다.

그리고 우리 경제가 살 길은 어디에 있느냐, 바로 북한의 개방과 성장입니다. 남은 시장은 거기고 그래서 개척할 곳은 거기밖에 없다는 데 인식을 달리하지 않았습니다. 그런데 지금은 모두 공염불이 되었어요. 몰라서가 아닙니다. 정치적 이해득실에 눈이 멀어 공동체의 미래가 걸린 이런 중대하고 절박한 문제마저도 정쟁거리로 만들어 소모해 버리는 못난 짓은 이제 끝내야죠.

지금까지 우리는 개성공단 하나도 감당 못해 허우적거리고 있는데 지금 새로운 친구들이 투자하는 패러다임 자체는 개성공단 모델보다 훨씬 적극적입니다. 이렇게 되면 우리가 가지고 있는 수공업 형태의 인적자원으로는 경쟁이 안 된다는 거죠. 남북 경협이 단순히 뭔가를 무조건 퍼 주고 이런 차원이 아니라 같이 살기 위한 마지막 길이다, 이걸 국민들에게 양심적으로 설득해야 해요.

● **김태훈**　과거 H그룹의 모 회장이 헬기 타고 서울 상공을 지나면서 이렇게 말했답니다. "자동차 좀 더 팔 수 있겠네." 그만큼 내수시장이 받쳐 준다고 생각했던 시절이 있었습니다. 이제는 수출 쪽도 막히는 형국이고…….

◆ **김부겸**　그러니까 다음에 "내가 경제를 살리겠다."라고 말해도 아무도 믿지 않을 거란 말입니다. 양치기 소년은 거짓말을 두 번밖에 안 했지만 "내가 경제 살린다."라는 거짓말은 차고 넘칠 지경입니다. 그럼에도 경제의 선순환 구조를 짜는 일을 포기할 수는 없습니다.

● **김태훈**　일단 전략적인 측면에서 야당의 한계가 너무 뻔합니다. 예를 들어 복지에 대해 너무 무개념으로 매달리는 게 아니냐, 그런 생각이 듭니다. 무조건 '배분의 정의'를 외치면 그것이 곧 우리 표가 될 거라고 생각하는데, 그건 오산입니다. '배분의 정의'에 대한 오해를 갖고 있는 쪽을 설득하는 논리를 만드는 게 전략입니다. 그리고 그들과 싸워 이기는 게 전략이라고 생각합니다. 홍준표 경남지사가 무상급식 중단을 선언했는데 저는 애초부터 야당이 말렸다고 생각합니다. 무상복지라는 단어는 굉장히 잘못된 겁니다. '무상'이라는 단어 자체가 어느 한쪽에는 자괴감을 주는 단어가 될 수 있거든요. 그리고 조롱이 될 수 있는 단어입니다. 시혜적 차원에서의 '무상'을 국가 책임 차원의 '의무'로 바꿔야 합니다. "이것이 왜 무상복지냐, 이것은 의무

복지다."라고 말입니다.

♦ **김부겸** 복지에는 두 차원이 있어요. '공공복지'라는 부분이 있고, 한 개인에게 돌아가는 '사회적 부조'로서의 부분이 있습니다. 공공 부조는 사실 무상이 맞아요. 어르신들 무임승차, 이런 부분들은 다 무상이거든요. 거기에 수익자 부담 같은 건 없어요. 그런데 무슨 새로운 개념을 만드는 것도 아니고 공공의 책임을 규정하는 복지, 선별적 복지에 덜컥 '무상'이라는 이름을 붙여 버렸어요. 단어 하나 잘못 써서 졸지에 대책 없는 놈들이 됐지요. 지금 고치려고 해도 안 고쳐져요. 그저 공짜 근성 하나로 있는 사람들 거 나눠 쓰자고 고집이나 부리는 '좌파 부류'로 낙인이 찍혔어요. 상대에게 논리적으로 반격할 빌미를 준 거지요. 그들이라고 몰라서 그런 건 아닌데 너무 쉽게 '공짜' 프레임에 말려 버린 겁니다.

"이런 부분은 국가가 책임집시다.""이런 부분은 국가의 의무입니다.""이런 부분은 사회 공동체의 도움이 필요합니다." 이렇게 선을 분명하게 그어 줘야 해요. 판타지만 갖고 있다가 대책 없는 사람들이 되고, 저쪽은 책임을 지는 집단으로 인식되고 있어요,

● **김태훈** 야당의 논리적, 철학적 대응 방식은 열정적이지만 유아적입니다. 국가가 국민에게 교육 의무화를 요구했다면 교육 공간 속에서 필요한 요소들이 국가의 책임으로 주어져야 하는 것은 기본입니다.

하물며 죄를 짓고 교도소엘 들어가도 콩밥은 먹여 줍니다. 법리적인 접근 역시 거론된 바 없고, 그저 "애들 밥 먹입시다."라는 감성적인 설득만으로, 세금을 내야 하는 국민들을 설득할 수 있겠습니까?

♦ **김부겸** 그래서 "그럼 이건희 손자도 공짜로 먹여야 하느냐?"라는 이야기가 나오는 거지요.

● **김태훈** 누가 그러더군요. "아니 왜 이건희의 손자와 내 아들이 같은 대우를 받아야 하느냐?" 그래서 이렇게 대답했습니다. "아버지가 가난하기 때문에 가난한 집 아이들이 차별받는 것은 반대하면서, 아버지가 부자라고 해서 그 아이는 돈 내고 먹으라는 것도 차별 아니냐." 그건 부모세대의 문제지 아이들세대의 문제가 아니지요. 가난하든 부자든 보편적 복지는 같이 제공되는 게 맞습니다. 대신 가난한 사람보다 부자가 더 많은 세금과 기부를 통해 기여를 하게 하면 됩니다.

♦ **김부겸** 미국은 이렇게 해요. 일단 선별적 복지를 합니다. 대신 교장이 형편 되는 집 아버지들한테 편지를 써요. 수표 보내라고……. 미국은 기부 문화가 일반화되어 있으니까요.

9

새로운
시작을
위하여

지역주의가 균열되었다는 증거를 확인하고 나면

여야를 넘어 국가의 미래를 고민하는

정치 그룹을 만들려고 합니다.

기존의 여야 혹은 보수와 진보라는 진영 논리에 갇혀서

사고하는 구태의 틀을 넘어서는

새로운 움직임을 만들어 보고 싶습니다.

● 김태훈   이제 위원장님과의 긴 대화의 여정을 마무리해야 할 시간입니다. 많은 분들과 만나고 대화하는 모습들을 보면 사람에 대한 기본적인 예의와 진심이 가득하다는 느낌을 줍니다. 의식을 하시는 겁니까?

◆ 김부겸   그런 모습이 있다면 대부분 제정구 선배한테 배운 겁니다. 제정구라는 사람이 빈민운동을 했잖아요. 정말 자기한테 엄격한 사람이고 강단이 분명한 사람이었어요. 그런데 주변사람 대하는 것은 완전히 달랐습니다. 상대편 입장을 생각하고 배려하는 그런 말이나 작은 행동 하나하나가 참 철저했지요. 그게 소통하는 방식이고 유대를 확인하는 방식이더군요. 관계 속에서 신뢰가 쌓이면 거기서 지혜도 나오고, 용기도 나오고 그런 것 같아요.

● 김태훈   유럽 축구 챔피언스 리그에서 최우수 선수상을 받았던 미셸 플라티니는 지금 유럽축구연맹 회장입니다. 그의 인터뷰가 굉장히 인상적이었습니다. "당신이 그렇게 축구를 잘합니까?"라고 물었더니, "나는 하루 중 대부분의 시간에 축구 연습을 하고, 나머지 시간

은 축구에 관한 책을 보고, 잠이 들어서는 축구에 대한 꿈을 꾸려고 노력합니다."라고 대답했습니다. 위원장님은 정치를 떠나서 가끔 다른 생각을 하실 때는 없으세요? 책, 영화, 스포츠 등등 말입니다.

● 김부겸 영화를 좋아합니다. 어릴 적 극장 바로 옆에 저희 집이 있었어요. 당시에는 어린이들은 지나가는 어른들 손만 잡으면 극장에 들어갔습니다. 그렇게 영화를 많이 봤어요. 지금은 전설이 된 여배우들, 미성년자인데도 많이 훔쳐봤던 기억이 나요. 특히 〈벤허〉가 가장 기억에 남습니다.

예전 같은 감동은 없었지만 〈국제시장〉은 인상적이었습니다. 구역질 나는 내용이라고 욕하는 분들도 계시던데, 그건 좀 과한 말이지요. 상당히 작위적인 게 있다는 건 인정합니다. 완성도가 뛰어난 것도 아니고, 인간의 본질에 대한 천착도 부족했다는 생각입니다. 하지만 그냥 영화예요. 영화가 너무 많은 책임을 져야 할 이유는 없지 않습니까? 감독은 자기 해석에 따라 만들고, 배우는 거기에 동의해서 연기하고, 관객은 자기 시각에서 보고 평가하면 되는 거지요. 다만, 그 시대의 모습을 충실하게 그렸다는 점에서 많은 사람들이 모여든 것이 아닐까 싶어요.

● 김태훈 사실 그 영화를 보고 감동을 받았던 사람들 입장에서는 구역질이 난다는 비판에 대해 마찬가지의 강도로 반감을 가질 수밖에

없습니다.

● **김부겸** 저희 세대들에게도 긍정적인 모습이든, 부정적인 모습이든 모두 삶의 한 장면들로 거쳐 갔습니다. 요즘 '왕따'라고 해서 아이들끼리 편을 만들어 누군가를 괴롭히는 문화가 있는데, 과거에도 유사한 일들이 많았습니다. 1960년대 대구 근처에 미군 부대가 많았습니다. 당연히 혼혈아도 있었지요. 중국 화교 출신들도 제법 있었고요. 이북에서 피난 온 사람들도 많았습니다. 아이들끼리 몰려다니면서 '짱꼴라', '아이노쿠' 그렇게 부르며 놀렸어요. 구슬치기하면 구슬 뺏고, 괴롭히고, 이런 짓을 몰려다니면서 한 겁니다.

나도 시골에서 올라온 처지라 질서에 편입하기 위해 당연히 센 놈들을 따라다녔습니다. 부끄러운 가해자 중 한 명이었어요. 그런 못난 풍습이 이어지고 이게 무슨 문화라고 계승되어 오늘날 왕따 문화로 확장되고 있습니다. 내가 강자 편에 속하지 않으면 내가 당할지도 모른다는 것 때문에 가해자 편을 드는 것은 민주 시민으로서의 존엄과 주체성을 상실하는 겁니다. 그런데 이걸 올바르게 가르쳐야 할 어른들마저 자기 살겠다고 편 가르고 왕따 짓을 하고 있으니 부끄러운 일입니다.

● **김태훈** 위원장님의 파란만장했던 젊은 시절 이야기는 솔직히 이 책에 담지 못할 것 같습니다. 어떻습니까? 젊은 시절과 달라진 태도

라면 어떤 것이 있습니까?

◆ **김부겸** 다행입니다. 나의 젊은 시절 이야기는 읽을 만한 거리가 아닙니다. (웃음) 무엇보다 책임감에 대한 의식이지요. 예를 들어 아버지로서의 책임감, 남편으로서의 책임감, 가장으로서의 책임감, 정치인으로서의 책임감 같은, 책임감이라는 것이 늘 짓누르죠. 청년기에는 기성세대에게 책임을 묻는 입장이었다면 지금은 책임을 지고 답해야 하는 입장이라는 점이 완전히 달라진 점입니다. 무엇보다 가장 겁나는 건 대안 없이 비평하는 겁니다. 그래서 저렇게 하면 문제를 풀 수 있을 텐데, 하는 게 떠오르지 않으면 분노가 치밀어 올라도 일단 입을 다물어요.

● **김태훈** 대안이 없다는 것은 결국 감정적인 표출에 불과하다는 것이군요?

◆ **김부겸** 혹독한 결과로 돌아오든 긍정적인 결과로 돌아오든, 우리 모두의 몫으로 돌아온다는 것을 알게 되었어요. 공동체에서는 어떤 문제든 항상 문제가 발생하죠. 토인비식으로 해석하자면 끊임없는 도전과 응전이 일어납니다. 그러나 사람들은 극한 대립을 하다가도 금방 적당한 선에서 타협을 하더군요. 그렇게 삶이 진행되다가 또 깨지고, 그래서 역사가 명료하게 단선적으로 발전하는 게 아니라는 것

을 깨닫게 되었습니다. 언젠가 '고려청자를 어떻게 볼 것인가?' 그런 주제로 토론을 벌였는데 어떤 친구가 그러더라고요. "야, 그거 다 노예 노동의 산물이야." 거기서 논쟁이고 토론이고 그냥 끝났습니다. 명쾌하지만 너무 단선적인 사고입니다.

감옥에서 성서를 두 번 읽었어요. 신학적인 부분을 빼면 모두 이스라엘 민족의 족적을 기록한 거잖아요. 배운 게 많았습니다. 역사적 책임은 어느 개인이 아니라 우리 모두에게 돌아온다는 겁니다. 아무리 뛰어난 선지자가 있다고 해도 하나님이 보시는 건 결국 백성 전체더군요. 덜컥 겁이 났습니다.

● **김태훈** 　사실 그렇죠. 출애굽기만 봐도 모세와 여호수아라는 지도자의 역량은 뛰어났지만 약속한 가나안 땅에 들어가기까지는 40년의 세월이 필요했습니다. 광야를 떠돈 겁니다. 결국 애굽을 탈출했던 1세대들은 그렇게 방황만 하다 죽었어요. 일주일이면 갈 수 있는 가나안 땅에 1세대들은 아무도 못 들어갔습니다.

◆ **김부겸** 　어떤 신학자는 이렇게 설명하더군요. 하나님은 왜 이스라엘 백성이 광야에서 40년을 떠돌도록 방치했고 앞 세대가 다 죽도록 했느냐? 이유인즉슨, 노예 생활에서 얻어진 나쁜 습성이 공동체와 자신들의 미래를 좀먹는 독버섯으로 자랐기 때문이라는 겁니다. 이기적이고, 남의 것을 뺏어 가고, 남녀 간 최소한의 윤리가 무너지고……

그런 세대들을 모조리 정돈시키고 새로운 땅으로 이끌었다는 거지요. 그런 버릇을 없앰으로써 비로소 새롭고 완전한 공동체가 되더라는 거예요. 당시 이스라엘 민족은 작은 규모였습니다. 그럼에도 한 개인에게 책임을 묻는 게 아니라, 집단 전체에 "너희들은 누구냐, 너희들은 어디에 있느냐?"라고 물은 겁니다.

부족국가 체제에서 중앙집권식 왕조체제로 변화하고 그 과정에서 지배, 피지배계급의 갈등이 일어났습니다. 강성해지기도 했지만 피폐해져 망국에 이르는 순간도 있었지요. 이런 것들이 파노라마처럼 물결쳤던 게 역사인데 우리는 그런 과정들 속에서 책임의식을 쌓고 합의의 룰을 만들고 같이 살아가는 공약수를 개발하는 데는 너무 서툴렀습니다. 그러다 보니 아픈 과오들이 반복되고 묵은 숙제들이 쌓여 구린내를 풍기기도 합니다.

● 김태훈　그렇기 때문에 정치인으로서 책임감, 혹은 어떤 과제에 대한 숙명의식을 가져야 하지 않겠습니까? 그것 역시 초심을 잃지 않는 것에서부터 시작할 수 있다고 봅니다.

◆ 김부겸　한국 사회의 내일을 가로막고 있는 몇 가지 장애물이 있습니다. 그중에서 가장 큰 것은 기성세대가 젊은이들에게 깊은 좌절감을 심어 주고 있다는 겁니다. 정말 심각한 수준입니다. 부모의 사회적 지위와 부가 자식에게 세습되는, 이런 봉건적 후행은 민주공화국

이라면 반드시 극복되어야 합니다. 우리는 지금 늪보다 더 지독한 함정에 빠져 있어요.

그래서 정치인 김부겸이 설정한 최우선의 과제는 상생과 화합을 통한 '공존의 공화국'을 만드는 것입니다. 대한민국 사회의 가려진 장막을 걷어 보면 지역, 대립, 양극화, 불평등, 불신, 편가르기라는 놈들이 똬리를 틀고 앉아 모든 걸 좌지우지하고 있어요. 건전하고 양심적인 어떤 정치도 이놈들의 '윤허'를 받지 못하면 발붙일 수가 없습니다. 이놈들에게 공급되는 젖줄을 끊지 않고는 대한민국의 미래를 논할 수 없습니다. 타협, 상생, 공존은 병든 대한민국을 살릴 수 있는 유일한 '메스'입니다.

여기저기 강연 기회가 있고 그 자리에서 젊은이들을 만나면 직업 정치인의 입장이 아니라 부모세대의 위치에서 정말 미안하고 염치없다는 생각을 합니다. 일자리가 없어 변방으로 밀려나가고, 노동시장에서 배제되어 비정규직으로 밀려난 사람들이 벌써 800만 명에 가깝습니다. 단순한 통계일 뿐이니, 어쩌면 더 많은 숫자가 있을지 모릅니다.

이들에게는 하루하루의 삶이 고되고 힘든 과정이지요. 거기에 대해 저 김부겸을 비롯한 직업 정치인들과 정당들은 변변하고 진지한 해법을 내놓은 것이 없습니다. 누구를 위한 투쟁이고 무엇을 얻기 위한 대립인지 모르겠지만 원수처럼 싸우기만 합니다.

그래서 대구에서 대구 시민들에 의해 지역주의가 균열되었다는 증거를 확인하고 나면, 여야를 넘어 국가의 미래를 고민하는 정치 그룹을 만들려고 합니다. 여의도의 정치인뿐만 아니라 지식인, 지방자치 살림을 맡은 단체장을 모두 아우를 생각입니다. 기존의 여야 혹은 보수와 진보라는 진영 논리에 갇혀서 사고하는 구태의 틀을 넘어서는 새로운 움직임을 만들어 보고 싶어요. 서클이든 스터디그룹이든 혹은 정당이든 다 좋습니다. 형식이 중요한 건 아닙니다. 다만 이것을 더 큰 권력에 집착해 이합집산을 부추기는 새로운 '정파' 만들기 정도로 해석하는 시각에는 동의하지 않습니다. 차원과 고민이 다른 문제입니다.

● **김태훈** 지금의 김부겸이, 학생운동을 하던 젊은 날의 김부겸을 볼 수 있다면, 정치 초년병인 김부겸을 만날 수 있다면 어떤 이야기를 해 줄 수 있을 것 같습니까?

◆ **김부겸** 물론 편안하게 가는 길은 안 갔을 겁니다. 하지만 너무 열정만 앞섰던 것 같아요. 선배들의 경험, 좋은 역사의 사례들을 좀 더 많이 공부했더라면 하는 아쉬움이 큽니다. 쓸데없는 논쟁에 휘말려 소모되다가 이렇게 불타 버리고 말았습니다.

지금 상생, 화해, 공존을 외치는 만큼 그때 내게 좀 더 용기가 있었더라면 대한민국의 정치, 역사가 이렇게 초라해지진 않았을 겁니다. 국민들에게 버림받은 우리들만의 리그로 남지는 않았겠지요. 지금도 많은 이들이 뭔가 새로운 장을 펼쳐 보자고 요구합니다. 좀 더 젊었다면 분골쇄신 자극을 받고 뛰어들었지 않았겠는가? 하지만 나의 답은 여기서 멈춥니다.

● **김태훈** 이제 오랜 대화의 마무리를 해야 할 시간입니다. 서로의 생각이 일치하는 지점도 많았지만 엇갈리는 교차점도 있었습니다. 하지만 그 모든 이야기들이 용광로 속에서 만나 새로운 가치를 만들었습니다. 소득이 큽니다.

10년 전, 암벽등반을 처음 배웠습니다. 올라갈 때 바위를 잡고 올라가는데요, 등반하는 사람들끼리는 암묵적인 예의가 있습니다. 낭떠러지 바위에서 정말 아무것도 잡을 것이 없다는 낭패감, 고독감이 들 때 볼트가 튀어나와 있으면 그걸 잡고 싶어집니다. 저걸 살짝 잡으면 그다음 단계로 쉽게 올라갈 수 있어요. 그런데 엄밀히 말해 튀어나온 볼트는 인공 구조물입니다. 산에 원래 있던 것이 아니라 인간이 박아 넣은 것이지요. 그걸 잡는 순간 등반의 순수성은 완전히 깨져 버립니다. 그걸 잡고 정상에 오르면 올랐다는 성취감이 없습니다. 과정의 순수함이 얼마나 중요한지를 뼈저리게 느끼는 겁니다.

◆ **김부겸** 김태훈 선생님과의 이야기는 무척 소중하고 즐거운 경험이었습니다. 생각보다 굉장히 멋진 분이시군요. (웃음) 어떤 이야기로 마무리를 할까요?

나 역시 이미 온갖 풍파에 오염된 직업 정치인입니다. 인정합니다. 내가 남은 순수함을 어디까지 지킬지는 잘 모르겠어요. 앞선 선배들, 예를 들어 노무현, 제정구 이런 사람들은 미친 듯이 자신을 던졌습니다. 역사와 정면으로 부딪쳤습니다. 그 사람들만큼 한다고 감히 말할 수 있을까요? 하지만 요령 부리며 적당히 하고 싶은 생각은 없습니다.

정치라는 건 혼자 하는 게 아니라 관계 속에서 이루어지는 겁니다. 상처투성이가 될지라도 부딪쳐 보고, 그래도 안 되면 딱 거기까지 하겠다는 각오는 되어 있습니다. 어떤 사람은 비전은 있는데 열정이 부족하고, 어떤 이는 열정은 있는데 현실에 안주하고, 그랬습니다. '열정이 있는 비전', 그것을 만들면서 내가 갖고 한계까지 가 보려고 합니다.

처음 국회의원이 되었을 때 어떤 분이 액자를 보내 주셨어요. '복 초심(復 初心)', 초심으로 돌아가라는 겁니다. 그걸 갖고 쭉 살아왔는데, 사람이 첫 마음을 초지일관 간직한다는 건 쉽지 않지요. 나는 후배세대처럼 본격적인 변혁이나 혁명을 꿈꾸지는 못했어요. 혁명이나 변혁을 꿈꿨던 세대들과 달리 우리는 그랜드 디자인이나 그런 이론을 공부하지는 못했습니다. 그래도 소박하지만 국민들한테 어떤 희망을 줘야 한다는, 그런 세상을 만들어야 한다는 꿈은 늘 간직하고 있습니다.

무엇보다 가난한 사람, 일한 만큼 대접받지 못하는 사람들의 대변자가 되어야겠다는 꿈이었습니다. 그것만큼은 지금도 흔들리지 않아야겠다고 생각합니다. 늘 초심으로 돌아가 새로운 시작을 준비하고 실천하겠습니다.

_____ 공존의 공화국을 위하여

공존의 공화국을 위하여

초판 1쇄 인쇄 2015년 10월 19일
초판 1쇄 발행 2015년 10월 26일

지은이 김부겸 · 김태훈
펴낸이 신경렬 | **펴낸곳** (주)더난콘텐츠그룹

기획편집부 남은영 · 민기범 · 허승 · 이성빈 · 이서하
디자인 박현정 **본문디자인** 조은애
마케팅 홍영기 · 서영호 · 박휘민 | **디지털콘텐츠** 민기범
관리 김태희 · 김이슬 | **제작** 유수경 | **물류** 박진철 · 윤기남
책임편집 이홍 · 조자경

출판등록 2011년 6월 2일 제2011-000158호
주소 121-840 서울특별시 마포구 양화로 10길 19, 상록빌딩 402호
전화 (02)325-2525 | **팩스** (02)325-9007
이메일 book@thenanbiz.com | **홈페이지** http://www.thenanbiz.com

ISBN 978-89-8405-827-9 03340